学ぶためのヒント

渡部昇一

文庫版まえがき

本書は若い人たち、特に高校生のために書いた文章をまとめたものです。

高校時代は、選択の可能性が一番大きい時代です。彼らが学んでいく際のヒントになる事柄を、私自身の体験も交え、紹介しています。

学ぶことの楽しさ。いい習慣を身につける重要性。集中力の養い方。悪口や陰口への対処法。無駄の効用……。

ここで私が述べていることは、実は、学ぶことのヒントであると同時に、広く人生について考えるヒントにもなっているはずです。

若い人たちだけではなく、いくつになっても学ぼうと思っている人たち、前向きに生きようと思っている人たちの参考になるに違いないと、今回の文庫化にあたって改めて思う次第です。

本書の後半では英語学習や英語のことわざについて詳しく説明していますが、この辺は、ＴＯＥＩＣ Ｔｅｓｔなど、英語学習が必要なビジネスパースンにも、興味深く読んでもらえると思います。
よりよく生きるためには、学ばなくてはなりません。
本書が、読者の方たちの知的生活の一助になれば幸いです。

平成十九年一月

渡部《わたなべ》 昇一《しょういち》

序にかえて――高校生に

高校時代は可能性の時代です。幼稚園や小学生の時代も言うまでもなく可能性の時代ですが、そのころの将来の志望はまだたわいないところがあります。うちの子供を見ていてもそうでした。魚釣りに行って、少しほかの人より多く釣ると、漁師になりたい、などと言い出したり、将棋で少し勝つと棋士になりたいと言ってみたり、とりとめがなく、空想的でした。

中学時代はとりあえず、高校進学か否《いな》か、あるいは高校はどこにするかが中心になってしまう。そのころから将来の希望も次第に具体的になってくるのですが、何と言っても高校時代が問題です。大学に入ると、まず学科が決まり、専門と称するものも決まるので、人生における可能性はかなりワクが決まったという感じになります。

このようなわけで、高校時代が一番選択の可能性の大きい時代である、という一般論が成り立つでしょう。実社会に出るか、大学に進学するか。進学するとすれば東京に出るか、地方都市に出るか。専門学科は何にするか。まさに選択の時期であり、この時点における選択と、その後の数年間の努力と運が、更にその後に来る五〇年間の人生を大きく左右するのです。

人生は努力によっていつでも軌道修正がききます。しかし後になればなるほど難しくなるのです。弁護士になるか、医者になるか、役人になるか、実業人になるか、技術者になるか。そういう選択は高校生の時なら、極端に言えば、毎日変えても差し支えないのです。しかし高校を終わってしまったとたんに、方向転換は急に難しくなります。大学の文科に進学してから、医者になりたいと思ったら、何年のロスが出るかわからない。高校の時なら、受験勉強にかけるウエイトを変えるだけで、文科志望を医科志望に変え得るのです。足りないところは予備校の一年を考えるだけですむはずです。

ところが高校生は受験勉強という目前の目標があまりにもはっきりしているので、かえって将来の選択自体をゆっくり考える時間を持ったり、そういう気分になれないのではないでしょうか。そこでちょうどその時に「難関」と言われるところに進むのが一番良い道だと思いやすいのです。難関というのはみなできる学生が押しかけるから難関なので、きっとよいコースにちがいないと短絡して考えるのです。

たとえば医学コース過熱時代がありました。しかし私が大学に進学するころは医大は大した難関ではなかったのです。医者になると夜中に起されたりしていやだ、という人間が多かった。親が医者で後を継ぐとか、特に医学に関心のある者以外、医学コースに押しかけなかったのです。歯科の場合は、成績にあまりおかまいなく入学できたと思う。

ところが昭和四〇年を過ぎたころから、医者はもうかるということが急に認識されて、医学コースのフィーバーが始まった。各県にも続々と医大が新設され医師の数は急増するだろうし、また政治力ある医師会長が永久に会長でいるわけはない、とわかっているのに、高校生は医学コースに押しかけました。自分の真の適性や好みに従った上でなら結構だが、そうでもない人も多く押しかけているようでした。

一事が万事です。流行し「難関」になったコースが本当に自分に合っているのかどうかは別問題になってしまう。難関には出来る者たちが押しかける、だから自分もその仲間に入りたい、というので選択するのは軽率ではないかと思う。自分の未来像を——老人になってからの姿、定年以後の姿をも——併《あわ》せ考えた上で、自分の適性と好みに従って決めるべきではないでしょうか。そういう視点からすれば、農業の魅力が浮き上がることもあろうし、今の「難関」コースがそれほど大したことではないように見えてくるかもしれません。

高校生時代は選択の時代です。その選択は、眼前のコースの難易によって決めるより、そのコースを終えて、実社会に入り、そうして老いてゆくところまでを視野に入れて考えるべきでしょう。また人生における選択の幅の広さという点では、高校時代の英語は特に重要です。語学のハンディのために、人生における選択の幅、活動の場が甚《はなは》だしく狭くなっていることを嘆く人は実に多いからです。高校の英語は、入試課目としてのみ見られがちになりやすいのですが、人生における選択の可能性を多くするところにその本質があるのだ、ということも忘れないでほしい。もちろん語学の不要な分野を選択する人もいるでしょうが、そういう人でも可能性の幅だけは広くとっておいたほうがよいのではないでしょうか。高校時代を人生選択の時期として、ゆっくりと、慎重に、しかも希望を高く持って活用してもらいたいものです。

目次

第二章　知を学ぶ

ゆっくり急げ　Makes haste slowly.　293
時間厳守は王侯の礼儀である　Punctuality is the politeness of kings.　297
簡単になる以前には何でも難しい　All things are difficult before they are easy.　300
正直は最善の政策　Honesty is the best policy.　303
意志のあるところには方法がある　Where there's a will, there's a way.　306
最善を期待し、最悪に備えよ　Hope for the best and prepare for the worst.　309
間違いをしない者は何もしない　He who makes no mistakes makes nothing.　312
牛は角をつかまえなければならぬ　The bull must be taken by the horns.　315
最期に笑う者が一番よく笑う　He laughs best who laughs last.　319
歳月人を待たず　Time and tide wait for no man.　322
道はローマに通ず　All roads lead to Rome.　326
すべての人は、美徳が同時に欠点になっている　Every man has the defects of his own virtues.　330

あとがき　335

第一章　人生を学ぶ

基本は健康。身体を鍛えよう

イギリスで書かれた『知的生活』という本がありますが、非常に特徴的なことは、第一章がフィジカル・ベース、すなわち肉体的基礎という章になっているんです。人間の精神というのは空中にフワフワ浮いているんじゃなくて肉体にとどまっているわけですから、肉体がちゃんとしないことには知的生活も大いに邪魔されたり、あるいは不可能になったりしますし、あるいは逆にその調子が良ければ大変よくいくということは誰にもわかります。それでまず肉体的基礎を考えるあたりが大変アングロサクソン的だという印象を受けたことがあります。

アメリカの本でも、良き時代のアメリカの本に『学生必携』というのでベストセラーになったのがありますが、それを読みますとやはり身体のことについてすぐ役立つような忠告がいっぱい書いてあるのです。やはり学生生活を送るためには、身体に対する注意が大いに必要だというわけです。

肉体的なことを鍛えるためにスポーツをせよ、というのは当然でありますが、その他のこともあります。たとえばいいマナーを持つためには話をする時にちゃんと相手の顔を見ながらしゃべれるようでなければならない。ところが歯が悪いと息が臭くなる。それを意識するとちゃんと相手の顔を見てしゃべれなくなる。もごもごしたり、ぎこちなくなる。それは教養がないことである。しかし寝る前に塩水で、柔らかなブラシで歯ぐきを擦って寝れば歯槽膿漏《しそうのうろう》とか何かになる恐れはほとんどなくなり、息も臭くなくなる。そうするとちゃんといいマナーができるというような、たとえばそういう書き方なんです。

私なんかもこの本は大学に入ってから読んだことがありますが、これを中学かあるいは子供の時に教えてくれる人がいたらなあと思いました。また歯が丈夫であればそれは胃も丈夫ですし、すべての健康にいいわけです。物をおいしくいただけるということは何よりもましていいわけですね。このようなわずかなことが大いに違ってくるわけです。

たとえば外国語を学ぶ場合にも、私の場合最も苦労したのは、歯が悪いことだったんです。大学一年に学生寮に入ったのですが、漬け物か何かをかじったら、以前から悪かった前歯が二本折れました。神経は取ってあったから痛くはなかったんですけれども、前歯が二本折れたら英語の発音はできません。しかしお金がないので、終戦直後のことでもあり、東京の歯医者に行くことはなくて夏休みにうちに帰るまで歯なしでした。これはやはり外人教師に会話などを学ぶ出だしにおいてひどくけつまずいたという感じがいたします。

その後ドイツへ留学して、非常に努力して、自分ではドイツ語も非常にうまくなったんですけれども、帰るころになって歯槽膿漏を起こして七本一挙に歯を抜いたことがありますす。それが帰国する半年ぐらい前だったんですが、入れ歯にしたら、今までせっかく習ったドイツ語の大部分の発音法が違ってきているわけです。日本にいる時、歯を七、八本一緒に抜いたら当分の間日本語はおかしくなるでしょうが、何しろ日本にいる限り日本語はまたうまくなるわけです。ところが私のような場合、ちょうど何年間か一所懸命その国にいて覚えて歯を変えて帰ると、習ったその言葉のわずかな、微妙な調音のコツがすっかり歯とともに失われるわけですね。

それからまた何年かたってアメリカへ行きました。アメリカで私は大学で教えておりまして、学生から英語がわからないなんて文句が出ないほどちゃんと教えたつもりでありますが、これも帰る間もないころに歯を、これはすでにそのころには入れ歯になっていましたが、これを折りまして、また治すわけです。そうするとこれもまた帰る直前ですから、せっかく一年間一所懸命大学で教えて、いささかも文句が出ないほどできたはずなのに、入れ歯を替えちゃうとすっかり調子が違います。それが英語圏の中で生きている時は半年ぐらいたてばすっかり元通りになったと思いますが、日本に帰りましたからなかなか元に戻らない。そういうことを私は実に何回か繰り返したわけです。歯一つ見ましても、これが悪いとこれだけ損になるんですね。

それから鼻がつまる体質があります。これもやはり、しょっちゅうぬるい塩湯などで洗う癖がつけば、これは鼻がつまらなくなります。これは外国語には非常に重要なことです。それから目ですけれども、目は私は非常に悪かったのです。ところが、やはり本を読みまして目を良くする方法を学んだわけです。そのころにはすでにイギリスやアメリカのいま言ったような知的生活の本をいろいろ読んで、それがいずれも肉体的な手入れから始まっていることを知っておりましたので、私は目は何しろ商売道具ですから、そこに書いてある通りやりました。そうしたら、私が若いころにオックスフォードの英語辞典などは、夜なんか見ていると字が細かくて目が疲れてなかなか苦労したものなのですが、今はそれから年を取っていますからずっと困るはずなのにあまり疲れなくなりました。

私の家内は非常に目が良かったのですが、今、老眼鏡なんかをかけております。私は老眼鏡もいりませんし、昔のままの近眼用で結構なわけなんです。朝起きた時と寝る前の数分だけの努力なんですけれども、ほとんど目の老化を抑えることができます。要するに目の老化というのは眼球がしなやかに動かないだけの話ですから、眼球が硬くならないようにしてやればいいわけです。これなどもやはり昔から工夫した人がありまして、これをやればよろしい、といったようなわけであります。

それからしょっちゅう大きな病気をすれば、これは勉強も仕事もできなくなることは明らかでありますが、たとえば、昔から一時間の散歩をけちる者は病床の一〇年を持つであろうという諺《ことわざ》みたいなものを、やはり私は英語の本で読んだことがありますが、どんな疲れた時でも寝る前にでも何でも三〇分から一時間ぐらい一日一回は歩くというようなことをするならば、ほとんど中年に至るも体力を落とさずにすむと思います。

アスレチッククラブに行って身体を鍛える、それも時間があれば結構ですけれども、特にそれをしなくても歩くだけでもよろしいと思うのです。学生時代にいろんなスポーツをするのも結構でありますが、スポーツには団体競技とか何かでいい人柄を作ったり、いろんな効果もありますのでそれはそれとしていいのでありますが、春休み・夏休みなど、黙々として一日何キロも歩くというようなことはすばらしいと思います。田舎の人ならば田舎に帰って、自分に行《ぎょう》として二、三時間歩くことを若い時にやるならば、これはすばらしい耐久力のある肉体を作ると思います。

結局人間は、霊魂がフワフワ浮いているような状況ではなくて、肉体というものがないと動かないようにできているわけです。人間の精神あるいは霊魂を人間にたとえるならば、肉体というのは自動車か何かみたいなものでしょう。機械をよく調整しないと思うように走れないわけであります。そして肉体という機械は少し手入れをしたり、さびつかないようにしてやれば、実によく仕えてくれるものであります。しかも普通の機械よりも丈夫なのです。どんな立派な丈夫なタイヤでも一〇年間も車に付けておくわけにはいきません。必ず減ります。ところが人間の足の裏を見てください。こんな薄い皮ですけれども、何年歩いても全然減りません。むしろ使えば使うほど厚くなるようなものであります。このようなすばらしい機械を人間は与えられているのです。これを十分に生かして知的生活およびその他の社会生活でも不健康のために自分の足を引っぱらないように、自分の活動の制限にならないように肉体に気をつけておくべきだと思うのです。それは何も難しいことではないし、特別にお金や時間のうんとかかることをする必要もないと思います。

計画を破る理由を探してはいけない

計画を立てるのはあくまでも自分であります。だから立てた計画を守らなくてもおそらく罰する人はいないでしょう。しかし、注意すべきところが二つぐらいあると思います。それは、計画を立てた途端に気が重くなって、「計画・ケイカク」という文字が頭から離れなくなって、かえって自分の立てた計画に入っていけない人も出てくるという例をよく見ます。ですから、計画を立ててもあまりコチコチにならないで、スーと、入っていけるような、そういう気質を養っていく必要があります。

「あー、計画があるんだ」と重く考えないで、スッと入る。たとえば、大人で「煙草をやめよう・やめよう・やめよう」と言って、結局、やめられない人がいますし、「あ、煙草をやめよう」と言って、スッとやめる人もおります。そのような、スッとやれるような気構えを作ること、これは学習計画の根本にある、心の持ち方の問題であります。

そして計画通りにいかない時でも、その時はその時ですっぱり諦《あきら》めるという気前の良さ、あるいは見切りの良さということも重要だと思います。計画の遅れを、後から後から追っていきますと、いつになってもだめなので、その計画が達成できない場合どうするかということも充分考えてやっていくべきだと思います。でないと結局、人生を憂鬱《ゆううつ》にするだけに終わってしまうことがあるのではないかと思います。

もう一つは、計画を実行しないための理由を探す人間になるなということです。どうしても計画通りできない場合がありましょう。しかし私は小学校を出る時に、担任でない隣の組の先生が教訓として、「お前たち、これからは物事をしないための理由を探すような人間になるな」ということを言われました。

これは非常に印象に残りました。世の中には、しないための理由というのは、いくらでも見つかる。「今日はおもしろいテレビがある」「今日は週末だ」「今日は頭が痛い」「今日は天気が良いから遊ばなきゃ」というように、いくらでも見つかるものなのです。

ですからそういうことが出たら、あ、しないための理由を探しちゃいかんな、と抑える気持ちが少し働くと、ま、完全に実行できる人はいないでしょうけど、十分な効果がありえます。しないための理由を自分は探してるな、という反省心を忘れないようにしていきます。

すと、単に高校時代のみならず、長い人生においても、大きな差が出ることになると思います。

いい習慣をつけないと悪い習慣がつく

トッドという人が書いた『自分を鍛える』（渡部昇一訳・三笠書房）、あるいはヒルティの『幸福論』（岩波文庫）などという西洋の人生教訓の名著、古典的名著と言われたものには、必ず習慣に関する章がさかれております。そこには、優れた観察が含まれております。

一度何かをやると、二度目にはそれが少しやりやすくなる。三度目にはもっとやりやすくなる。そして、いつの間にか苦もなくやれるようになる。さらに進みますと、そうやらずにおれなくなるというのが習慣の本質であります。

良い習慣を身につけた人は人生の半ばを達したようなものである、という趣旨のことを、西洋の古典的名著は言っております。というのは、いい習慣がつきますとその習慣のついていない人にとっては、大変な意志を振り絞ってやらなければならないことが、その習慣がついている人には、苦労なく、たやすくできるからなのです。

たとえば、学校から帰って来たらまず机に向かって復習してしまう、という習慣がついた人は、学校から帰って来て、おやつを食べるぐらいと同じたやすさで、座ってやってしまう。ところが、その習慣がついていない人がたまにやろうと思ったら、学校から帰って、すぐ復習の机に向かうことがどんなに苦しいことでありましょう。しかし、その苦しいことを一回やる。そして二日目もやる。三日目もやる、というふうにしますと、それがいたって普通になり、やらないと気持ちが悪くなるというところまでいくのであります。

しかも習慣というのは、いいにしろ悪いにしろ、常についてまわるものですから、積極的にいい習慣をつけ続けないと、悪い習慣がつき続けているということになります。だから、いい習慣をつけなければ、ニュートラルでおれるというものじゃないですね。早起きの習慣をつけられない人は、朝寝坊の習慣をつけていることになるのです。ですから、懸命に考えていい習慣をちゃんとつけなければなりません。どっちみち習慣というのはつくのですから、いい習慣を選択するということが重要だと思います。

私の観察するところによりますと、若いころ早起きの習慣をつけた人が、圧倒的に人生に対して有利のようです。よく「真夜中以前の一時間は、真夜中以後の二時間にまさる。

真夜中前の一時間の睡眠は、真夜中後の二時間の睡眠にまさる」というようなことが言われますが、私は若い人を見ていますと、それは言えるのではなかろうかと思います。

何か事をなした人は、若いころは非常に早起きのくせをつけております。そして、学校なりあるいは一日が始まる前に、何かについて一勝負してから学校へ出かけたり、休みであったら、それから朝飯ということになっている人がおります。

私の知る限り、そういう朝飯前に一～二時間コンスタントに一番難しい勉強、あるいは一番集中しなきゃならないことをやる習慣がついていて、大学あるいはその他の進学に悩んだという人は、この私の体験の中ではありません。

年を取りますと生活のリズムもいろいろ違って、夜通しぶっ通しでものを書くというような小説家や学者もおりますけれども、青年時代はもっと人間は自然に近いので、小鳥が起きるころに起き始めるというのが、一番いいやり方のように思われるのです。

早起きさえきっちりできるような習慣がついておれば、私は他のことはあまり心配ないんじゃないかと思うぐらいです。ある半分宗教的な団体は、ただ早起きしようではないかという呼びかけによって、しばしば家庭に幸福と平和をもたらし、個人的にも家庭的にも幸せがあるということを主張しておりますが、大人にとってもそうなのです。いわんや若い人が、朝飯も食べずに遅刻しそうで飛び出てくる、というようなことをやってる人が多い時に、朝飯前に一時間なり一時間半コンスタントに、英語なら英語、数学なら数学を解く。あるいは音楽をやる人ならばっちり一練習やるくせをつけて、それをやらないと気持ちが悪いということになったら、それこそ人生の苦労の半分ぐらいは、そこで解決したことになるのではないでしょうか。

習慣の偉大なるところは、初めは苦しいかもしれないけれども、どんどん楽になっていく。その楽にできることが習慣のついていない人からみると、超人的な努力を要することなのです。やったことがない人の目には超人的なことを、毎日平気でできるようになれば、これは超人と凡人との差が出来得ます。ま、超人まではいかないまでも、一芸に達して、自己の可能性を非常に引き出しやすい状態で人生を過ごすことになります。

健全なる劣等感は成長に至る王道だ

子供はなぜ成長するのかというと、それは子供は大人より身体が小さいからだという人がありますす。小さい子供は自分のお父さんや何かを見上げますと、みな大きくてさっさと歩くわけです。自分はよちよちで小さい。そうすると子供はいかなる子供でも大人に対して劣等感を持つ。そうすると大人のようになりたいと思うわけです。これはノーマルな子供です。大人と自分を比べて、大人のようになりたいというのは非常にノーマルなことで、そういう子供の気持ちは劣等感と言ってもよろしいのです。

ところがその子供が大きくなりますと、劣等感が自分の成長を止めるだけであって、うんと幼い時のように劣等感が成長につらならない場合が多くなるということが起こってくるのです。それは個人についても、民族についても言えることであり、正しい劣等感を持った国のほうがいいという例がいくつもあります。

たとえば昔ローマというのは、世界的な帝国を作りましたが、ローマのインテリはギリシアのインテリに対して劣等感を持ったから学問はギリシア人に学んだわけであります。それからローマがヨーロッパに大きな文明圏を作りますと、その支配下に住んでいたゲルマン人はみなローマに劣等感を持ってローマに学んだわけであります。その結果、ローマのことをせっせと勉強しているうちにドイツができたり、フランスができたり、イギリスができたりしたわけであります。

ところがそのローマを見ても、ギリシアを見ても、学ぼうという気持ちを起こさない国もあるわけで、それはそこで止まってしまうわけです。近代になって欧米という非常に高い強力な文明が生じました。これに対して本当の正しい劣等感を持ったのは、私は日本だけではないかなと思います。日本は欧米に追いつき追い越そうとしました。いち早く正常な劣等感を持ったことが日本の近代化のエネルギーになったわけであります。それが正常な劣等感に行かずに空虚なプライドにかられて十分欧米を学ぼうとしなかった清国、インド、あるいは当時の朝鮮などはいずれも幸せな結果にはなりませんでした。その他の国についてもそれは言えると思います。

だから我々は自分より優れた者を見たら正常な劣等感を持つべきであります。そしてそれに対してマイナスな感情を持つことなく、劣等感を持たせた者はそれだけ優れているということでありますから、それの良さを求めて自分を成長せしめるというほうに働けば、これは劣等感がある人ほどよく成長するということになります。

その場合必ずしも単線的に進める必要はありません。たとえば、非常に勉強ができる人がいるとします。ほとんど努力もしないのに、自分がいくら努力してもかなわないほど勉強ができる人がいるとします。その人に自分も勉強すれば追いつけるなといって努力するのはもちろん健全なことであります。しかしどうしても駄目だといったこともあり得ると思うのです。その時に自分は勉強では彼には追いつかないけれども、誠実さでは自分が一番になってやろうとか、そういう場合も多いわけです。

事実、今私は七四歳になりますが、私の年になりますと、昔からの同級生のいろんなことを思い出します。当時必ずしも成績が良くなくても、その後非常に大きな仕事をしたとか、組織の中で非常に重要な人物になった人がいますが、自分は頭が良くないけれども一所懸命やるとか、人のため考えてやるんだとか、勉強はあいつのほうがいいかもしらんけど俺はこっちでやるんだぞといった人がほとんどそうですね。

気がついてみると、かえってそういう人がいいというようなこともあります。なまじっか優越感などを子供の時、あるいは少年の時に持ってしまうなどということはかえってマイナスに働くことすらも多いのです。健全なる劣等感は成長に至る王道であろうと思うのです。

それから大人になって信念の堅固さによって有名な人で、しばしば少年時代に気が弱かったことを告白する人がおります。戦後、たとえば日本の中央銀行で非常に強靭《きょうじん》な政策を断行した人がおります。その人の自叙伝を読みますと、子供の時は非常に弱虫だったと書いてあります。弱虫なのでこんなことではいけないな、こんなことではいけないなと思っているうちに、一〇年たち、二〇年たち、いつの間にか「修養」というものが出来て、かえって生まれつき気が強かった人よりは信念のある強さになったということです。こういう場合がしばしば多いようであります。

子供のころ気が強いというのは、意外に中年以後弱くなったりするものです。それはおそらく生まれつき強かったため鍛えなかったのでそうなったのでしょう。ところが子供の時に自分は弱いと気がついた人はむしろ聖賢の書を読んだり、自分で修養したりして、かえって強靭、弾力性のある信念のある人になるということが多いのであります。

容貌《ようぼう》というのも、これもやはり劣等感のもとになり得るわけでありますが、特に男の場合は全然問題にならないことは少し周囲を見ればわかるのであります。これはというほどの仕事をなした人の顔を見れば鬼瓦みたいな人が多いのであります。特に四〇歳以上はむしろ変な美男子よりもそういった男の顔のほうが味があって、立派な顔に見えるのが常であります。青年時代に美男子でちやほやされたなんていって特に努力もせず、一業を成すことに努めなかった人は中年以降になると何となく嫌らしい顔になるものなのです。

女性ですらもそう言われます。たとえば女性で美人というのは、水商売の世界ですと二〇代、あるいは三〇代の初めまではちやほやされます。ところが急に醜《みにく》くなる瞬間が来て、多くは消えていくそうです。ところが三五、四〇歳を過ぎてもバーのような極めて女性的魅力がものをいう世界でもその年とともに消えていかない人が多少おるそうです。これは例外なく、自分の若いころの若さの魅力だけに頼ることなく、気働き、あるいはお客さんへの思いやりなどということで精神的に鍛えた人、あるいは人柄のいい人、こういう人だけが生き残り得るそうです。生き残るという言い方はおかしいですけれども、その店なら店の経営を任《まか》されるというようになり、五〇歳になっても六〇歳になっても人気のある人になり得るそうです。これも初めから自分の二〇歳代の美しさに頼り切ってしまえば、これはすぐさま消えていき、あとは醜さだけが残るということになるのでしょう。むしろ我々は自分の劣っているものを意識するような青少年時代を持った人が幸いというべきではないかなと思うのであります。

悪口、陰口にどう対応するか

私が学生のころに読んだ本に、カール・ヒルティの『幸福論』というのがあります。この中でヒルティは、キリスト教のことを高く買っておるんですけれども、若い人たちにはそれだけではちょっと教訓として物足りないところがあるのではないかということを言っております。もちろんヒルティは大変熱心なキリスト教徒でありましたけれども、キリスト教の教えはあまりにも深いために、若い時は役に立たないことがあるというようなこと、あるいはよくわからないことがあると言っております。それで青年のためにはむしろストイックの哲学がいいのではないかと言って、その代表的なエピクテトスという哲学者の言葉を訳して、その解説を加えているわけであります。

私もこれを若い時読みまして、なるほどキリスト教から慰めを得る、あるいはキリスト教に限らず他の宗教から慰めを受けることもあろうけれども、もっと具体的には、ストイックの哲学からのほうが慰めを得るものであるなという実感を持っております。年を取り人生の深いいろんな悩みとか悲しみを味わうようになりますと、いわゆる宗教の深さもわかるんでありますけれども、若いころはなかなかそれを実感する立場にはないものでありますす。そこでそのストイックの教えの中で一番迫力があるといいましょうか、説得力があるのは、「自分の意志によって自由になるものと、自由にならないものを区別する」という工夫なのです。

たとえば、ごはんを食べよう、あるいは食べない、これは自分の意志で自由になります。勉強しよう、しない、これも自分の意志で自由になります。朝早く起きよう、起きまい、これも自由になります。ところが自分の意志ではどうにもしようがないのがあります。どうにもならないものの一番いい例といいましょうか、ごくありふれた例は、他人の陰口とか悪口です。これは言う人の自由になるけれども、言われる人の自由にはなりません。

ストイックの哲学は、自分の意志の範囲にあることについては、自分の意志によってこれを思うようにする。しかし自分の意志の中にないことについては、これは自由にならないのであるからそれに悩むことをやめると、こういうことを教えているわけです。これは大変単純なようでありますけれども、その癖をつけますと絶大なる効果があります。勉強しようと思ってもなかなかできない人がおります。夏休みなんかは朝四時ごろから起きて、涼しいうちに勉強すればいいことはわかっています。それができない。これは自分の意志の範囲にあることですから、できなかったとしても誰を恨むこともできません。それは自分の意志の範囲内のことであります。ですから自分の意志の範囲にあることに対しては、徹底的に自分に対して厳しくあるべきです。

ところが、自分がよく勉強することに対して人が何か根拠のない悪口を言ったらどうするか。その陰口が本当のことを言っているとすれば、その陰口が言われたことに対して反省するか反省しないか、それがもっともであるならばもっともであるように自分を直すかどうか、あるいはそのまま構わないとするかどうか、これは自分の意志の中にあります。陰口を言われて反省するのももっともだけれども、そんなもの反省するもんかというのも一つの手であります。ですから陰口を言われたことに対してどう反応するかは、自分の意志の範囲の中にあります。陰口を言われる、言われないは、これは自分の意志の範囲にない。ここをはっきり見極めることです。

このようにしていきますと、世の中のことは何でもかんでもこの二種に分けることができることに気づくものです。そしてこれはだんだん習熟しますと、ピンピンわかるようになるのです。そして意志の範囲内にあるものはどうするか、これは自分で考えて決める。意志の範囲内にないものは、これはさっさと忘れる、というふうになるものなのです。

私自身悪口を言われることも多いし、また今も言われていると思いますが、その場合特に書かれた悪口などで目に入るものは、私は読みます。しかし根拠のないのもあります。たとえば、私の翻訳を堂々と批難した人もいます。それは私はチェックいたします。そして念のため外人などに確かめることもあります。そしてこちらがもし間違っていれば直しますし、間違っていなかったら、その指摘した人に内容証明などでこちらが間違っていないことを伝え、できる限り人の目に入る形で反論を加えます。あとそれで向こうが反省するかしないかは、こちらの意志の範囲内にないことである。私の意志の範囲内であることは、その批判を分析して悪かったら直す。悪くなかったら、そのときは、できるだけのことをして向こうに反駁《はんばく》する。あとそれがどうなるか、相手がどうなるか、これは知ったことではないのです。

特に政治のことに関したりしますと、立場によっては非常な悪口もあると思いますが、これなどもどうしようもないというべきであります。戦後最も偉かったと思われる首相に、吉田茂《よしだしげる》という方がおられます。この人が生きていたころは、大変悪口を言われました。当時の新聞を見ればわかると思いますが、その記事を書いた人が、今見たら恥ずかしくて生きておれないような気持ちになるのではないかと思われるんでありますけれども、時間がたってみますと、だいたい吉田さんがやっておったのは正しかったのであります。しかし、もしも吉田さんが新聞にどう言われるかということを気にしてばかりいたら、決して今のような日本はあり得ず、今もって講和条約を結べず、アメリカの占領下にあったはずであります。ですから、悪口や陰口に対して、それに正統性があるかどうかを検討するのは自分の意志、それにどう応ずるかどうかも自分の意志、しかし言われること自体は意志の外にある。このストイックの教えは、私にとってはキリスト教よりも、仏教よりも、いかなる宗教よりも役に立つ教えです。お陰で私は悪口によって悩んで頭がはげるとか、白髪になるとかなくして今日に至っております。

怒りを安っぽく表現しない人間的容量を養いたい

よく、癪《しゃく》に触るとか、虫が好かないとか、頭に来るとか、カッとなるとかいう言葉を使います。こういうことが一番頻繁に起こるのは誰かと考えてみますと、まずはヤクザの下っ端であります。彼らはまさに癪に触るためにけんかし、虫が好かないと言ってはゴロつき、頭に来ると言っては短刀を抜き、カッと来てはピストルなどを撃ってるわけでありあります。ただそういうヤクザっぽい青年も親分になるような人は、それから抜けた人なのでありあます。ですから今言ったような感情的な言葉で動くような人たち、この素質もそれ自体はマイナスだけでもないと思うのであります。

鈍感だとか、何を言われても腹が立たないというのは、バカではないかと言われても仕方がないという面がありますが、感情がすぐに簡単に爆発するようだと、それは電気でいえば電気容量が極めて低いのであります。人間は癇《かん》に触ることもありますし、虫が好かないこともあります。また、怒りを感じないようではいけない場合もあります。ただその怒りの出方が安っぽいか、安っぽくないかということなのであります。ですからまさにその感情的な人間の、最も感情的な集団の中でも柱になるような人は、それを卒業することができた人だけだと思うわけです。

昔の武将でも織田信長のような人、これは桶狭間《おけはざま》に突進した時は冷静な判断というよりは、とにかくいっちょうやろうというところが一番底にあったと思います。徳川家康のような人、この人でも三方《みかた》ヶ原《はら》の戦いの時はほとんど感情的なまでに武田の軍隊に向かって、玉砕《ぎょくさい》同様みたいにやられているわけであります。武田軍にけちらかされているわけであります。秀吉のような人でも、柴田勝家を助けて北陸を攻めよと言われた時は、けんかして引き上げて来て、信長に危うく首にされるところでありました。閉門になりましたけれども、信長の虫の居所が悪ければ切腹か打ち首になったところ、危ないところだったと思います。ですから秀吉や家康というような人でも、あるいは信長のような鉄砲の使い方を工夫して、武田の騎馬隊をつぶしたような、ああいう計画家でも若い時は、いずれもむしろカッとするような時期があったと思うのです。これは感情が、いわゆる悪い意味の粘液質でないということであって、体質としては良いのかもしれません。

だが、その段階を卒業する工夫をしなければいけません。カッと来るのは大変よろしい。ただカッと来てもすぐに安っぽく反応しない、もっと大きな人間的容量が必要だと思うのであります。たとえば、私はものを書くときに、よく人を怒らせるようなことも書くことがあります。しかし、私はよくほかの人たちは怒らないでいるもんだというふうに感ずることもあります。

たとえば、ある新聞が日本軍が中国の戦場で毒ガスを使ったという写真を出したとします。その写真は明らかに煙幕の写真であって、毒ガスではない。日本軍がいわゆるイペリットといわれるような毒ガスを使ったケースはないということは確実であります。なのに、もしも大新聞がそのようなことを書いて、日本人に不当な罪悪感を植えつけようというようなことがあったとすれば、私はカッといたします。

大新聞を批判するようなことを書くのは、決して利口な人間のすることではありません。しかし、私はカッとしない人が多すぎるのではないかと思っております。ただ、カッとしても私は短刀を持ってその新聞社に乗り込んで社長を刺そうとか、爆弾を持って仕掛けようというようなカッとする仕方はしないで、そこをぐっと抑えて文章で訴えるというような形にしているのです。人間には「腹ふくるる思い」というのがあります。「腹ふくるる思い」があるのが人の常であって、むしろある意味では、現代は怒りを感じない人が少なすぎるのではないかと思われるのであります。

戦後の教育において、ああいう、二〇世紀の白人の植民地主義にピリオドを打ったような大勝利をおさめた日本人、東郷《とうごう》平八郎《へいはちろう》元帥の名前が日本の教科書から除かれました。東郷さんはかえってフィンランドで尊敬されてそこのビールの名前にまでなっているというようなことを聞くときに、日本の戦後の教科書はけしからんのではないかと私は腹が立ちます。カッとします。教えさせないようなことをやってきた人たち、あるいはそういう機関、この人たちを刺し殺したいような気が、ま、誇張すればあると言ってもいいかもしれません。しかし、そういうふうなカッとする仕方は抑えて、機会を求めて言論でそのようなことを指摘したいと思うわけであります。ですからカッとすることは決して悪いことではない。大いに癪に触ってもらいたい、頭に来てもらいたい。しかし、来てそのまま爆発するのは、やっぱりこれはヤクザの三下奴《やっこ》の段階にとどまるということも忘れないでください。

一生怒りを忘れない人間であってほしい。しかし怒りの出し方は最も効果的に、文明的に出すようにしてほしい。あるいは社会の不正に腹が立ったらやはり短刀を振り回さないで、自分が代議士に打って出る。そして政治を変えようというのも一つの怒りの出し方だとも思うのであります。

一つ一つ心を静かに現在の目の前の事を克服していこう

宗教家などが悟りなんかで結局落ち着くところは、「現在を生きよ」ということになる場合が多いようです。我々は過去はもうどう考えたって仕方がないし、未来はその顔を知らない。わかっているのは今だけだ。したがって「今努めよ」と、これはよく言われることであります。

実際高校生の人が中学の時ああすればよかった、こうすればよかったと反省の材料はあっても、いろいろ考えたってしょうがないし、これから将来のことを夢に描くのはいいけれど夢を描いてばっかりいても実力がつくわけではない。結局どうなるかというと「今努める」ということになります。

これは事実平凡な話なんですけど——実のことを言うと、中学生から高校生ぐらいまではちっとも平凡な事実ではないのですが——高校前後の今というのは、私が七十幾つになった今とは、時間の重みがまるで違うのですね。

よく例として挙げられることは音楽でありますが、子供の時に一週間やる時間に匹敵するぐらいの価値を、二〇歳過ぎるともうそれは何週間になるのか何か月になるのかわからないと言われます。

それと同じように、高校時代というものは、時間の価値が同じ一日でも、今七十代の私のおそらく半年分ぐらいの価値があるような気がするのです。

たとえば語学一つでも、私が今これから一所懸命に何かを学ぶ、これを一か月やろうと二か月やろうと始めた前と後でも、そのぐらいの期間では差は感じられません。しかし高校生ですと、一所懸命英語なら英語をやろうと思って一か月たつ、二か月たった場合は、はたの人にもわかるぐらいの差がつき得るわけです。ですから若いころの「今」というものを大切にできる人が、本当に賢い人なのですね。それにまた、現在をよく使うということは健康にもいいような気がするのです。

若い時代は心に楽しみを持つと言いましても、いわゆる「楽しみ」の楽しみというものは、本当に楽しいかどうかなと疑うことがあります。たとえば、皆さん方をただ笑わせるだけの漫画を読んだり、あるいはお笑い番組を見る。その時アハハと、ワハハと笑うでありましょう。その時ああ楽しいと思うかもしれませんが、その楽しさははたしてどのぐらい本物かと言えば、これは頭をひねらざるを得ない。笑っている時でも、健全なる青年であるならば、必ずその心の底に「こんなに笑ってるけど、これでいいのかな」という気持ちが絶えずあるもので、そう長く笑っているわけにはいかないと思います。

若い時代に本当に楽しいという感じは、進歩しているという感じを今の時間で感じた時——そういう瞬間は必ずあるものでありますが——その時嬉《うれ》しいという感じがあると思います。そうしますと、その感じというものはこれは心の深い層において満足を与えるような気がいたします。

もちろん軽い笑いでも慰めになることがあります。たとえば一所懸命勉強して、ま、二時間なり三時間なりあるいは四時間なりたった後に、ふっとお茶を飲みながらテレビをひねったら喜劇が行われていた。それを見ながら三〇分ゲラゲラ笑う。これはまあ健康なことであります。しかしそのゲラゲラの本当の楽しさは決して、一時間以上は続かないと思うべきです。一時間以上もそういうのを見て楽しかったらそれはちょっとおかしい。青年時代の健全な心は、深いところで進歩しているという自覚なしには決して長い間は楽しめないはずのものです。

若いころはあれもしたい、これもしたいということがいろいろあります。音楽のわかる趣味も持ちたい、文学もやりたい、数学もやらなきゃならん、あれもやらなきゃならん、これもやらなきゃならんと、やらなければならないことが山のようにあるわけです。ある意味では、高校時代というのはやりたいことが大学の時以上にあります。しかしたくさんやることがありましても、時間というものは非常に排他性の強いものであって、一時に二つのことはできない。どうしても一つのことしかできない。そう思ったら考え抜いて、あることを学ぶために取っておいた時間、そこに没入する以外にない。

人によっては才能の大きい人小さい人いろいろあります。しかし、幸田露伴《こうだろはん》という人はこういうことを言っております。アーク灯というものは非常に強い明かりである。しかしこれは光の強さからいえば大変なものであるけれども、ただそれはゆらめくものであるから、字が読みにくい。ところが細いローソク、これは光の強さから見れば、アーク灯の何分の一、何十分の一かもしれない。しかし細いローソクでも、それが動かなければ本を読むことはできる。

これは人間の才能に比較しますと、ものすごく溢れるような才能がある人も、あっち嚙《か》じりこっち嚙じり、あれをやりこれをやり、これやりながらもあれやらなきゃならんと思いながら、自分のエネルギーを分散していますと、ついには一つのことをマスターしないで何となく才走った人、あるいは器用貧乏と言われる人になりかねないのです。

それに反して、才能の本当の量は、これははかりにくいわけでありますが、それほど「一を聞いて十を知る」ほどでもなければ、才気煥発というほどでもない、しかしその人が現在の目前のことに心を静めて立ち向かうことができるならば、それは光の強さは強くなくても動かない灯のようなものであって、それによって本を読むことができる、そのような頭になります。そうしますと難しいと思われたこともよくわかり確実な進歩を重ねていくことができる。

それに反して、「今」という時間に落ち着くことがない人は、ものすごく強い光源であるけれどもゆらゆら動いているので、ついに一字も読むことができない、といったようなことになるのではないでしょうか。

私も七十幾つになりまして、周囲を振り返ってみますと、なるほどその一つ一つ心を静かに、現在の目の前のことを克服していった人はそれなりになすところがあるものであるということに気づきます。それに対して、若い頃何だって万能みたいだったけれども、ついに何事も成し遂げない人がある。きょときょとするという言葉があります。そのきょときょと心を去って、とにかく目の前の勉強に全気全念、すべての気とすべての念を集めてやって、そのやっている時には地震が来てそのままつぶれてもいいんだというぐらいの覚悟でやりましたら、必ずなすところがあるのではないでしょうか。

雑音や既成概念にとらわれず、自分のやりたいことは何かを考えよう

高校生という時は、人生について一番考えがいがある時期だと思います。大学になると、学科が決まりますので、医学部の人は医者に、化学なら化学者になることを考えるし、経済学なら、まあ、会社に勤めることを考えたりします。高校生はそれが決まっていないわけですから、何を考えてもいいわけです。また、中学生は考えるといってもあんまり考えることがないので、せいぜいどの高校に行こうかぐらいになります。

そうすると将来を考えるという点においては、高校時代が決定的ということになります。私の経験から言っても、やはりそうでした。小学校の時は中学校（旧制）に行こうか工業学校に行こうか、この二種類しかないのでそれを考えた上で中学に行っただけです。中学の時は、私の場合は高校とつながっていましたから、あとを考えることはなかった。しかし高校では考えました。まずどの方面に行くか、どの大学を選ぶかです。これがもう

ほとんど無限に近い可能性があります。その時にひっかかりやすいというか、間違いやすいことは、なまじっかの忠告者がそばにいる時だと思うのです。私の場合は両親が田舎者で学校のことは知らないから、「お前が自分で考えればよい」というようなことで、何も干渉しなかった。それで結局自分で心を静めて考えるより仕方がなかった。

それから、変わった先生が一人いらっしゃいました。この方は旅順という今なら中国の東北部の港の町ですが、当時は満洲の遼東半島の町です。そういうところでずっと育って、そこの学校を出られた先生なものですから、日本のことがあまりよくおわかりにならなくて、いわゆる昔風の考えにとらわれることなく進学指導をしてくださったという感じがします。その先生が進学指導係として、昭和二三年ごろか二四年ごろに東京に出られて方々の学校を回られた。そしてどういうものか上智大学をすすめられた。受験生みんなにすすめられた。上智大学は当時五〇〇人ぐらいしか学生がいない小さい学校ですし、今と違って国立の学校のプレスティージが格段に高いころでした。進学係の先生がそんな学校を褒めたりすすめたりするのは非常識なんですけれども、この先生はそういう非常識さを持っておられたのです。私は家庭からの忠告とか注文が一切なかったこと、それから学校では普通の進学係の先生ではなくそういう変わった意見の方がいたおかげで、全く既成概念にとらわれることなくいろんなことを考えることができたと思います。

その時に私が特に勉強したいなあと思ったのは、なぜ日本が負けたかということでした。これは当時の日本人にとっては、かなり不思議なことでした。どうしてアメリカがあんなに強いのを知らなかったのかという痛烈な反省がありました。それで西洋のことがわかりたい。特にアメリカのことがわかりたい。したがって英語を知りたい、英語も読み書き全部ができなくては駄目だと思った。そういう見地から考えたら、上智大学がなかなか良さそうにピカッと光ったんです。ところが光っても、もし両親が学校のことをなまじ知っていたら、「なんだってそんな誰も知らない大学へ行くのか」と言ったと思います。「お前は成績もそう悪くないんだし、もう少し有名な学校へ行ったらどうだ」なんて言ったかもしれません。それがなかったので私は全く普通の意味の雑音なしに、あるいは既成概念のないところで自分のやりたいことを見据えて選択したように思うのです。

これが客観的に見ていいコースであったか、悪いコースであったかそれはわかりませんけれども、私自身としては高校生の時にピカッと光ったその学校を選んでずっと今日に至っていますけれども後悔はしていません。私の周囲を見ましても、社会通念的には非常にいいコースを行ったようでありながら、かなり後悔している人も多いわけです。その点から見ますと、私は幸せな人間だったなあと思います。

それから私は職業としては教師を選びたかった。それは自分の恩師を尊敬したということと、何と言っても夏休みが魅力的だったのです。夏休みのない世界に入るということはちょっと私はいやだなあという気がしたんです。しかし当時そんなことで人生を決めるというのはあまりなかったことで、給料だとか他のことで決めるのが普通でした。終戦直後はずっと教員の給料というのは悪かったのですから、教員になりたがる人は比較的少なかった。しかし、私は少なくとも夏休みがあって、その時には好きな本が読める、そういう生活があればということで給料のことなんかはすっとんでしまったわけです。先生の道を選んだ時に、私の親類なんかで多少世の中を知っている者は、「あの子はまあ、先生というのは偉いと思っているんじゃないかな」なんて言ったもんです。私は先生が偉いか何かよりも、やっぱりそういう人生のほうがいいと思ったんです。

そういうところから考えると、自分のやりたいこと、あるいは一番自分に適しているということを雑音なしに、あるいは既成概念にとらえられることなくとっくり考える時間を高校生は持つべきです。そして高校生ほどそういう時間の持ちがいがある時期はないのではないかと思います。自分の好きなことを一生懸命に考えてピカッと光ったところがあったら、そこに賭けてみようという気になるかならないかどうか。もしもそれがなければ、社会通念的にみんながいいと言っている学校、一番これから流行《はや》りそうだという学科、それを選んでもよろしいんじゃないかと思います。

青春時代の志《こころざし》の有無が日々の積み重ねの果てに将来の大きな差を生む

昔、漢文で柴野栗山《しばのりつざん》という方の『進学《しんがく》の喩《ゆ》』―学問をすすめるためのたとえ―というのを読んだことがあります。柴野先生は江戸時代の偉大な漢学者でありますが、この方が遠いところまで行くので、京都を発《た》ちました。

ちょうどその日は、春のうららかな時で、人々がいっぱいぞろぞろ歩いている――どこへ行くのかというと、比較的近い西山の吉峰の大師のお祭りなんかに参詣《さんけい》に行く、そういう人たちでありました。春のうららに郊外のお寺参りに行くというわけで、せいぜい半日ぐらい歩けばいいわけです。その人たちがさざめきながら男女連れだって歩いておった。

ところが、柴野先生はそんな近くに行くのではなくて、はるか遠い江戸へ行くつもりでしたから、歩きながら脇にいる人と話をするんだけれども、しばらくするとその人を越えて、また前にいる人と話をし、次にまたしばらく話をすると、また次の人と話をするというようなことで、どんどんどんどん越えていったわけです。

そしてしばらくたって気がついてみると、にぎやかに話をする人たちの声も遠くに聞こえなくなった。そしてどんどん歩いておって、半日もたつうちにその人たちとはどこまで行ったか全然わからないくらいの距離がついてしまった。

それで自分は考えた。あの人たちと自分の歩幅を考えれば、歩幅は大して違ったわけではない。自分の足の動かし方が大して速かったわけではない。ただ、自分は遠くまで行かなければならないという気があるものだから、常に張り切って一歩一歩怠《おこた》りなく歩いた。ほかの人たちはどっちみち半日も歩けば着くところまで行くんだから……という気があったので、何となく遅れてしまったのだ。

半日ぐらいで何度か丘を巡って遠く影も形も見えなくなったけれども、これが三日たち、四日たち、一〇日たつとしたならば、その距離はどんなものになるだろうかと考えて、自分は学問のやり方ということを悟ったというのです。

若い時に学問をした場合、一日一日の学問を比べれば、高い志《こころざし》を持った人とそうでない人との差は、そうあるものではない。一日、一週間、一〇日、一か月、半年ぐらい比べてもどうということはないけれども、それが一年たち、二年たち、三年たつと、それはとてもじゃないけれども走ろうと駆けようと追いつけないものになるであろうというのです。

確かに、皆さん方が高等学校で英語の勉強をする時に、高校を卒業すりゃいいやというような勉強の仕方、まあまあの大学でまあまあやりゃいいやというのと、あるいは、その時その時何とか間に合わせて、試験やテストを、一つ一つ何とかクリアしていけばいいではないかというのと、同じ英語の勉強でも、それによって外国の原書を読めるようになろう、機会があったら日本の大学を出た後にでも、外国の大学でもう一度仕上げをしてみたいとか、あるいは将来、外国と関係のある商売をやって、その契約書をちゃんと読めるようにしようというような、遠い志を立ててやった場合とでは、長い間には越すことのできない大きな差がつくと思うのです。

それがまだ一八や一九歳の頃ならば追いつくこともできましょう。しかし、二〇歳、二一……二四、二五……三〇くらいになると、絶え間なく努めた人に追いつくことは絶望的になります。その差が定年近くになるとどうなるかと考えますと、これは恐ろしいことになるわけであります。

皆さん方はたとえて言えば、今、ちょうど京都の町から出ようとしかかっているところです。すぐ近くの何とか大師さんにお参りに行くつもりの歩き方をしているのか、長崎か江戸まで行こうというつもりで歩き始めているのか、その覚悟一つによって、英語をやる際の文法の事項一つの理解の仕方でも、あるいは本を読む時の徹底的な仕方でも、よく使う熟語の暗記の仕方でも、あるいはもっと極端に言えば、朝、眠気を振り払って起きるかどうかに至るまで、一日一日の営《いとな》みによって変わってくるのだと思います。

そして、その営みは私は二五歳ぐらいまでなら遅れたとしても大抵追いつけるものだと思います。しかし、毎日努める癖が身についておって、努め努めていった場合とそうでない場合は、しばらくたつと、もう駆けれども馬で追えども追いつけなくなるものなのです。気がついた時は遅すぎるということになると思います。

皆さん方は、一日や二日さぼってもどうということはありません。一日や二日勉強したってどうということはありません。一週間や二週間勉強しようとさぼろうと、大勢には影響ありません。しかし、その一つ一つが積み重なってくると、後は磐石《ばんじゃく》のごとく動かし得ない距離になる。これだけは若いうちから心得ておいたほうがいいと思います。

私は今年七四歳になりますが、私の年になればだれにでもわかることなのです。それがあなた方の年にわかることが重要なのではありますまいか。

私は中学二年の時に柴野先生の本を読んで、非常に感銘を受けたことがありました。その教えを絶えず思い出していたわけではありませんが、あの本を漢文で読んでおいて、折節思い出すことができてよかったなあと思いますので、皆さん方にもお伝えしておく次第です。

いい友達、いい先生を求める心

中学から高校に入って、まず、自分の周囲で何が変わったかということを考えてみるとよいと思います。その時にいい先生に巡り合ったかどうか、それからいい友達が出来たかどうか、これは大変重要なことだと思います。それから好きな学科が出来たかどうか。いい先生に巡り合うということは、これは大変重要なことなんです。私もいろんな方々とお付き合いがありますが、これという仕事をなさった方の多くは、必ず高校時代あるいは旧制中学時代にいい先生と巡り合っています。ところが、このいい先生というのはどこにいるかというと、逆説的な言い方になりますけれども、いい先生というのは自分の中にいるんです。自分の中で求める気持ちがないといい先生というのは素通りして見つからないのです。自分があることを何かしきりに求めて、それが必ずしも明確な形になってないけれども、求める心があるときには、それにカチーンと感ずる先生に巡り合うという可能性があります。漫然と高校に通っているだけではまずはピンとこないものだと思います。なんとか自分の潜在力を発揮して、自分で納得のいくような職業について活躍したいと、こう願うのが健全なる青年の希望だと思いますが、その願いがある程度強くならないと恩師は見えてこないと思います。私自身は恩師という点では大変恵まれて、今でも神様のように思っている先生が何人かいらっしゃるわけですが、そのように有難く思っている先生のことを、同級会なんかで言いましても、「ああそういえばそういう先生がいたなあ」なんていう人もいるんです。というようなわけで、客観的にいい先生というのはそういるもんじゃなくて、こちらと波長の合った先生がいい先生なんです。こちらの波長といってもある程度以上の強い波長が出てないと、その先生も見つからないものであると思います。

それから高校の友達は一生の友達になれると思います。私自身も高校の友達で実業家の人がいますが、本当に気が安らぐんですね。何しろ子供のころからお互い知っていますから、いまさら見えを張ってもしょうがない。その奥さんも含めて子供のころから知っているもんですから、胸襟《きょうきん》を開いて話せる。どういうのがいい友達かというと、これは自分の程度にしかいい友達が出来ないという妙なことがあります。ですから勉強熱心な友達を作りたかったら、自分が勉強熱心になるより仕方がない。誠実な友達が欲しかったら、自分が誠実になるよりしょうがない、といったところがあります。ですから友達が悪くてねなんていうのはバカな話で、向こうのほうもそう言っているに違いないのです。

だからいい友達を持ったと言えるようになるためには、自分がまず内省力によって魅力ある人間、あるいは誠実な人間になるより仕方がないと思うのです。高校時代は約束を破ったって、大人の世界みたいに手形がまわってくるとか、契約を破ったとか、そういうことはない、わりとのんきなもんですけれども、そういう高校時代でも約束を決して破らない人間がいるもんです。借りた本を土曜日に返すと言ったら必ず返すとか、そういう小さいことでもきっちりやれる人がおります。あいつは誠実だなあということは意外に忘れないものなんですね。

それから学科の好き嫌いですけれども、これは友達の影響や先生の影響に負うところが大きいですけれども、その前にやはり自分が本当に好きなものということを絶えず考えることが必要だと思います。本当はそのほうの適性があったけど、たまたま先生との折り合いが悪くて嫌いになったということをよく聞きます。それは人生が一つしかないことを考えれば残念なことです。

もしも、たとえば数学が本当に好きで自分は将来数学を生かすような道へ行きたいと思った時に、自分と肌の合わない数学の先生がいても数学は熱心にやるべきです。そうしますと先生ともまた折り合いが良くなるかもしれないし、年度が変わればまた先生が変わるかもしれないし、またその後大学へ進めば関係なくなるんだから、その先生をその意味では時には無視する勇気も必要だと思うのです。先生と気が合ったから好きになる、先生がいやだからいやになる。これは人情の常であれ、大部分の点に関してはそれでもいいですけれども、将来を決める専門においては、先生なんかで左右されないだけの強さを持とう。これは実際は難しいことですが、今、青年になろうという人ですからそれだけの強さは持ちたいと思うのです。

「高校生」というと今の社会ではまったく子供並みでありますけれども、つい一三〇年ぐらい前までですと、高校生ぐらいの年齢になると、維新の志士なら刀を持って切り合っている。充分大人としての覚悟は持つべきだと思いますね。その心構えとしての大人というのはどういうことかというと、感情に左右される度合いが小さいということだと思います。学科の好き嫌いと先生の好き嫌いがどう違うかというと、学科の好き嫌いというのは自分の本性に根ざしたものですから、これは必ずしも感情とはいえないものです。ところが、あの先生のあれがいやだとかいうのは、それは主として感情です。そこのへんをきっちり見分けて感情で左右されることを少なくしていく。これが大人になる道であると思います。そのことに多少心掛けているだけでも自分の恩師が見つかる可能性が増えますし、終生にわたる友達の質も決まるでしょうし、学科の選択に対する態度も変わってくると思います。

見つけよう、君だけの「いい先生」――恩師発見法

いろんな人に聞いてみますと、あることの専門家になったような人は、必ず高校時代に「いい先生」とその人が感ずる人に巡り合っていますね。ところがそんないい先生だったら、その人の同級生もみんなその先生をいいと言っていると思いきや、必ずしもそうは言っていないんですよ。

言い方を変えれば、高校生のころは先生を発見する時期なんですね。私はいろんなところで書いてますけど、私にとって、高校時代(旧制中学時代)の佐藤順太先生は非常にすばらしい先生と思うわけです。あんな立派な先生はいなかった。あんな学者は大学でもあまりいないと思ってるわけです。

ところがですね、一五〇人もいた同級生で英文科に行ったのは二人、その中でも「あの先生」と言ったのは私だけなんです、私の友達でほかに二～三人、佐藤先生のところに出

入りした者がいますけれども、数学をやったり、物理に行ったり、経済に行ったりして、英語をやっているわけじゃないですね。

だから逆に言うと、先生というものを生徒は発見するもの、高校時代にいい先生に巡り合わなかったと言うのは自由だけれども、その前に反省が必要ですね。自分は遂に発見し損ねたのではなかろうかと。

自分の同級生のある人たちはある先生を発見し、そこからものすごくすばらしいインスピレーションを受けて、専門の道を歩き始めている人がいるかもしれないのです。発見しなかったのは自分だけなのではないか、という反省は一つあってもよろしいと思うのです。

この点についてはですね、『論語』で孔子も言っているように「之《こ》れを如何《いかん》、之れを如何という者に非《あら》ざるよりは、吾《わ》れ之れを如何ともする能《あた》わず」というわけです。どうしたらいいか、どうしたらいいかと、人生に何かを求めている人間、そういうものがある学生や生徒だと、生徒と先生の間にはピーンと感応《かんのう》する関係が出てくる、ということがしばしばあるということですね。

谷沢永一という文献学者であり、今では評論家としても極めて鋭い立派な人がいますが、この人の話にしましても、自分はしょうもない中・高校生だったけれども先生が良かったもんだから、というようなことを言っているわけです。そんな立派な先生はどうかというと、そんなことを言っているのは谷沢さんだけ、ほかの学生には何ということのない先生に見えたんでしょう。

私も自分が教えてみてわかりますけど、大学院なんか教えていますと、大学の先生になる人もいますね、高校の先生になる人も、中学の先生になる人もおります。実業界に行く人もいます。ところがですね、えらく学問が出来て、私が教えたうちで一番よく第二外国語の出来た男なんですが、この男は定時制高校で教えてるんですよ。彼より半分も出来なかった男で、大学の先生なんかいっぱいいます。ところが、彼から習っている定時制高校の生徒たちが、彼のあの天才的な語学に対する打ち込み方、その才能、これを感じ取れるかどうかはまた話は別なんですね。中にそのうち、将来言語学や英語学の道に入って、あの先生からインスピレーションを受けたと言う人が出てくるかもしれません。

私が見ますと、高校はあそこにも、あそこにもすばらしい才能の先生がいる。大学なんかで教えている人よりもずっと出来も素質もある人がいるんですよ。この人たちはやはり生徒に発見されるのを、ある意味では待っている形になるのではないかと思うのです。恩師というものは、自分が求めた時に発見することもあるものである。が、必ずしも発見できるとは限りません。そこにはまあ、運もあると思うのです。

しかし、私の経験から言いますと、私はこの悟りを、高校の時に佐藤順太先生を知ることによって、「恩師発見法」を発見したわけですね。恩師は自分が発見するものであると。これを私は大学に入ってからは意識的に適用したわけです。この先生から何を得るべきか、何をこの先生が与えてくれるだろうか。そして、必ずこの先生は与えるものを持っているはずだ、という思い込みでやったわけですね。そのお蔭で、大学時代は極めていい恩師たちに恵まれました。それはそう思って見れば、やっぱり大学で教えてる先生は専門ではもう自分とはケタ違いに出来るわけですし、人生体験からいっても豊かですからね。こちらがそう思って待ち受けていますとね、これは豊かなほとばしりがあるんです。これは外国へ行っても同じでしてね、ドイツへ行った時もそりゃー自分の専門語、ゲルマン系ね、そこの先生だからおかしげな先生はいるわけないでしょ。こちらは何を与えてくれるか目を輝かして、アプローチ。で、その時の指導教授おふたりとも、その後も極めて親しくお引き立て願っております（今はお二人ともなくなられました）。

ですから私は今でも、先生はどこへ行ってもこちらの心掛けしだいで発見することができるものであると……。師は求めなければ出ないし、師に対する心構えというものがあるんじゃなかろうかと思います。中にはもちろん、合わない先生もないわけじゃない。探せばいないわけじゃないが、ないと言ってもいいぐらいですね。そして、私は非常にいい先生に、至るところで恵まれたと思っております。

高校生なんかでも、あの先生嫌いだから学科が嫌いなんだとバカな話をしている人がいますね。近代の学校のいいところは、いろんな先生がいるということなんですよ。昔の塾なんかの先生は、どんな偉い先生がいようと、その先生しかいないからその先生と合わなきゃ終わりなんですよ。だからその先生にだけ合わせるわけですね。ところが近代の学校というのはいろんなタイプの先生がいてね、いろんなタイプの先生に少しずつ合わして、そして人間の幅を広げ、将来いろんな人と人間関係をうまくやっていける訓練にも一つはなっているんです。だから、いろんな先生、つまり自分とうんと合う先生もいるだろうし、あまり合わない先生もいるだろうけれども、概してそれはそういうものであると思うべきでしょう。自分とタイプが合うだけの先生なんていうのはありっこない。ただそれは、自分の心的態度を変えることによって、大部分の先生を心からの恩師に変えることができます。

尊敬心が真の友情を育てる——高校時代の友人

高校以後は義務教育ではありませんので、進学率はいくら高くても、自由意志で入ったということで中学とは違いがあります。というのは、私立の学校で中・高続いているところは例外として、公立でもかなりの学力による選別がありますし、私立では天地の差というほどの学力のふるい分けがそこで行われるわけです。中学三年間の生活態度や勉強の仕方、潜在的な学力、その辺が中学三年生ともなると隠しようもなく出て来るんですね。大体お母さんの言うことは聞かなくなりますし、かなり自分で勉強したり、しなくなったりするわけです。そこで、どの高校に入るかでえらくきびしくふるい分けられるわけです。

比較的難しい高校に入った人はプライドを持ってあいつも出来るんだな、こいつも出来るんだなということで、プライドのある者同士の友達関係が出来るということがあると思います。それから易しい高校に入った人はやや取り残されたなという感じを持つ人がいるかもしれません。しかし、そこは人生の最後でないので、中学時代ちょっと勉強し損ったけれども、高校では勉強しなきゃいかんと志を立て直す人もいるはずなので、自分に近い人をそこで発見するだろうと思います。これが中学までの友達との大きな差ですね。

それから高校以後とはどこが違うかというと、大学に入りますと一応学科が決まるものですから、大学以後の友達というのは同じ科なんですね。法学部に入れば法学をやる人が大体の友達で、英文科に行ったら英語をやる人、英文科の友人なんですね。高校まではかなり親しい友達でも、高校を卒業した途端に随分行く方向が違ってきます。ですから大学へ行ってから会っても、あるいは大人になってからも、別の道を歩みながらも友達だったという、奇妙な親しさが残るものです。

大学の友達というのは同職関係なんですね、職業が同じなんです。助けて助けられるというのも同職者としての助けられ方だし、そこに働く嫉妬《しっと》心や競争心というものも同職の間のものです。その点高校での友達の場合はそれが全く働かない。まだ自分が未熟で、これからどんな人生に向かうのかなと考えていたころに気の合った友達ということで、これは年を取るとその有難みがひとしおわかるというような友達が出来るものなんです。

今の高校生の置かれた状況はよくわかりませんが、うちの息子を見てますと、良い友達

（良い友達と私には思われる）がいます。うちの息子よりは出来が良い友達が多いんですよ。息子の特長を強《し》いて言えば、わりと友達のいいところを見てね、「あいつは……」などと友達を尊敬しているんですね。これが相手に伝わるんじゃないかと思います。ほかにあんまり取り柄のないような息子ですが、この点は感心しています。相手の良さを素直に見て、嘘でも何でもなく「あいつはあれが出来るんだ、すごい才能だよ」と言って、親にその友達についてのある点を自慢できるようなメンタリティを持たないことには始まらないのではないかと思います。俺を尊敬してくれれば友達になるという打算的なものではなくて、自分の何かしらの価値を認めてくれる人間がいると、そこに一種の「何だか気が合うて忘られぬ」ような感情が働く、これが友達といったものではないかなと思います。

実は私も旧制中学の時に、「これは」と思った人がいたんです。終戦直後で、まだ勤労動員から帰らずに山の中で開拓労働をやらされていた時ですが、泊まるところは神社で、夜は電気もないところなんです。我々は毎日伐採《ばっさい》をやっていたんですが、その友達は小さい枝を集めてるんですよ。何をするのかと思ったら、いろいろな木の小枝を集めて標本を作ってるんですね。別に植物学者になるわけでもないのに、あんな環境に置かれて植物分類をやってる人が、動員学生の中にいるんで私はびっくりしてしまったんです。「こいつは」というわけで、私はシャッポを脱いだ感じでその男と何となく友達になったわけです。彼がうちへ遊びに来ると、何とくだらない本を読んでるのかと驚くわけです。探偵小説とか捕物帳などがバラバラと並べてある。でも向こうは向こうで、あいつは俺の知らないことを知っているということで、「何だか気が合うて忘られず」今日まで続いているというわけです。その後、その男は飛行機の技師になりました。

友人に対する態度についてということでは、無理に意識してやるわけにはいかないけれども、やはりその人の長所を認めるという心構えを常に持たなくてはいけないと思います。何かしら尊敬心を持たないといけない……。その尊敬心は必ずしも能力でないけども、「あいつはいい男だ」「あの人はいい人だ」という尊敬心でもいいと思うんですね。

それから、「その人のためにならないことは口にしない」ということが、友人としての条件ではないでしょうか。中傷までいかなくても、何となくその人に不利になるようなことは第三者に言わない、ということが重要なことだと思いますね。だから、その人のためにならないことを私は言わなかったかな、困らすようなことにつらなりかねないことを言わなかったか、と反省してみるんです。

友達関係で一番重要なことは、その人に関して妙なことを断固として言わない、ということだと思います。誉《ほ》めるほうはいいのですが、そう、人間というものは誉めることばかりできるものではないですから、このことはあまり考えなくていいでしょう。断固悪口を言わないというその決心が持てなかったら、友人などと言わないほうがいいですね。

「個」の確立した人に実りある友情が育つ

高校生として自分と他人の問題を考える際に、ちょっと振り返って子供のことを見てください。子供の中には、友達に物をやって遊んでくれというようなタイプがいるのではないでしょうか。隣のなんとかちゃんと一緒に遊んでもらうために、家からこっそりお金を持ち出して、あめ玉買ってあげるから遊んでくれとか、そういう子供を見たら皆さんも情けないと思うのではないでしょうか。

そこに表れておりますのは、何か同じ遊び友達におべっかを使わなければ遊んでもらえないという自信のなさということです。その自信のない人間は、また他の友達にとってもあまり魅力がないのだろうと思うのです。

また逆に、自《みずか》らに閉じこもってしまって、他の子供と全然遊ばないという子供もいるものです。他の友達を必要としないという強さとも言えるようではあるけれども、結局は全く宇宙に一種の「孤《こ》」として存在しておって、他の人間なんかいなくたっていいんだという感じにまでなっています。どちらも人間としては好ましい姿ではないのです。

私が高校生の時、つまり旧制中学の時ですね。「こういう人と友達になりたいな」と思った人がありました。それは、学徒動員ですから、今の年で言えば中学三年か、高校生一年か、そのぐらいなのですが、山の中の神社に泊まっておったわけであります。そこは夜になると電灯もこなくて本当にひどいところでしたが、畑を作ろうということで山の木を切っておったわけですね。そういうところですから雨の日になると木を切ることができない。そしたらS君という人が何か木を集めておるんですね。それは、箸を半分にしたぐらいのを集めておるんです。藪《やぶ》を切り開いている時に、どのくらい違った種類の木があるのか全部集めて、箸ぐらいの長さに切っているんです。「あとで植物図鑑か何かで調べようと思うんだ」なんてことを言っている。私はびっくりしたですね。こんな山の中で、電気もないところでこき使われておるのに植物採集やってる男がいるんです。これは立派な男だなと思って、こういう人の友達になりたいと思いました。

ところが、私はそういう方面では発達してなかったんですけれども、その友達から見ると、私はわりといろんな本を読んでたもので、話をするとおもしろい例を何か持ち出す。

それで、向こうのほうもおもしろい男だなというようなことで大変親しくなりました。社会に出てからは、お互いに分野が違うので顔を合わせることはそうありませんでしたが、温かい気持ちを持ち合っております。そして私の祝い事がある時などは、その集りに出てくれます。

この場合を考えてみると、私とその男はほとんど共通点はないけれども、お互いに相手に対して尊敬するという点があったようですね。私は彼の数学的な才能とか、そういう極限状況にあっても、植物採集をするような心の余裕を尊敬し、向こうからみれば、私はそのころ学校の授業とは関係のない彼が読まないような本も、動員の時に読んでおったのではないかなと思います。ですから、お互いに何か尊敬し合うものがあったと思いますね。

その男は国立大学の理学部に行きまして、そして飛行機なんかを作るほうに進みました。私は私立大学の文学部に行って、まあ、本を読むのを職業にしておるわけですが、にもかかわらずそういう専攻の違いは関係ないのですね。彼と一緒にいれば楽しい。それはなぜかというと、彼は彼なりで「個」が確立しておって、自分がやりたいことをはっきり持っているわけです。私は私なりに、全く別のことだけれどもやりたいことを持っているので、一緒に付き合っても、あめ玉をやって付き合うような気持ちにはお互いならない。

かといって、自分の世界に閉じこもっちゃってシャット・アウトするようなものじゃなくて、尊敬するところがある人とは、付き合ってみたいという気持ちがあるわけです。学力なんかで尊敬するところがあっても、まあ、肌が合わないという場合もあるでしょうけれども、私は高校時代のころを思い出しますと、何か一芸に秀でたというか「こいつはこういうことがよくできるぞ」という人は、何か尊敬されておって、いい友達ができやすかったように思うんです。それは将棋が強いという場合もあるし、スポーツがよくできるということもあったし、あるいは切手の話をさせるとえらく詳しいとか、そういう人もいたと思いますが、そういう人たちは何か自分自身に頼むところがあって、自分の好きなこと、やりたいこと、将来何になりたいということが非常に明確になっておること、あるいは趣味が非常にはっきりした男、こういう連中は何か自分の世界を開発しているなという感じがある。その感じは他の同じような人にもピンと響く。そこで友達関係が出来たのではなかろうかなと思うのです。

対人関係ということで思い浮かぶのですが、「人」という文字はよく、二人の人が寄り添っている姿だと解説されます。一人ではないんで二人以上だ、これが人という姿である、なんていう解説があります。ま、字の起源はともかくとして、人というのはその本質において一個ではありません。男というものがいたら、必ず女というものがいるように予定されて出来ております。そして社会の仕組みから言っても、必ず親があり、子供があり、兄弟があり、あるいはそういうのがいくつかあるというふうな複数で成り立っております。そこでは一種のパラドクス、逆説が成り立ちます。はっきり「個」として確立した人でないと、全体とうまくやっていけないということなんですね。全体に解けこんでしまうと、それは「個」でもなければ何でもない。人間としてはむしろ大変弱い存在になります。その場合の「個」として強いというのは、何も我《が》が強いということじゃないのですね。自分のやりたいこと、するべき仕事、これがカッチリ決まっておって、そこに自信のある対応をしている人は、そういう人同士で付き合いができる。

お互いに自分に自信があるから、相手の人も自信を持っているんだろうということが想定できるわけです。そうしますとそこに一種の尊敬というものが成り立つ。これが最も自然な、あるいは人間らしい関係じゃないかなと思うんです。ところが自分に自信も尊敬心もないと、相手の人もそうだということがわかりませんから、相手が自分のペースで一緒に何でもやってくれないと不満だったりするのだと思います。まず自分の目標をはっきり見定めて「これに行くんだ」とする。そして日々向上に努めてるような人であるならば、青年時代は志す道が違っていても、必ず同じような心構えの友達ができるものだと思います。昔から「類は友を呼ぶ」というようなことが言われておりますが、そういう志の立った人たちはそういう人で必ず友達ができるものである。友達を作ろうなんてわざわざ努力しなくてもできるものであると私は考えております。

無駄の効用——目前の利益だけにとらわれては、余裕力は生まれてこない

世の中は大変合理主義に進んでおります。私がこの合理主義の時代に感心して聞いた話は、考古学の発掘なんです。今、考古学の発掘は非常に進んでおりますが、あるところを発掘する時になるべく全部は掘り尽くさないようにしているんだそうです。というのは、後世にもっと優れた見方、あるいは発掘の仕方なんかに変わったりするかもしれないので、今全部発掘し尽くさないということなのです。これは大変賢明な方法で、今一番いいことは、今の発展段階からいって一番いいのですが、次の発展段階から見ると、あの時もう少し次の段階を考えておったらなあということがあると思います。完全に無駄なものもあるでしょうけれども、現状に一〇〇パーセントよいということは次の時にはかえって困ったことになるということにつながるのではないかと思います。

あまり合理的経営をやって、今すぐ効果が上がらないものは無駄だというと、次の技術

開発の目が出ないということになります。日本の産業界が、今、非常に進んでおりますけれども、これは一種の日本の恩情主義のおかげで、あいつが一所懸命やっている研究だから、今、業績が上がらなくてもしばらく自由にやらせておけ、というようなところが後で花を開いたというケースがいっぱいあるそうです。

ところがアメリカがあれだけたくさんの人材を世界中から戦後ずっと集めており、そして天然資源も多いし、土地の値段も安いし、工場もいくらも建つというような状況でありながらも、多くの面で、しかも基幹産業で日本に追いつかれているのはどういうことかというと、やはり今のアメリカの会社の経営の仕方には無駄を作る余地があまりないことに一因があるらしいのです。それは、現社長になっている人は必ず半年あるいは四半期ごとに会社の業績を示さなければならない。業績だけではなくて配当率でぴっちり示さなきゃいけない。アメリカでは、会社は株主のものという観念が強固にあるので、とにかく配当をきちっと、すぐに、手早く出す経営者が名経営者と言われています。そういうところではその時無駄なところに研究員を回しておく余裕があまりないという場合がしばしばあるわけです。

ところが日本の場合は株主はそううるさくない。赤字が何年も続いたらちょっと社長にとどまりにくいかもしれませんが、急に配当を増やしてもらわなくても会社の五年後、一〇年後を見て有利なことをやっていたり、シェアを伸ばすようなことをしていればそれでいいじゃないかというようなところがあります。このために次の株式総会の発表では利益として出ないけれども、また、その時までに区切って考えれば無駄に近いけれども、次の次の次ぐらいまでには役立ちそうだというものをやり続けること、これが日本の経営の強さの一つだったと言われております。

同じように、幼稚園の時に幼稚園の成績を上げるために全部の時間を使わせたら、小学校に行った時にどうなるかというと、小学校に行くと幼稚園でできたことがほとんど役に立ちません。小学校で全部力を尽くしたら今度は中学校でも同じようなことになる。事実、振り返ってみるとそういう生徒が私の周囲にもいっぱいいましたね。小学校の時よくできた子が、中学校に行くとさっぱりさえなくなる。あの子は小学校でみんな力を使い尽くしたんだという感じがする人がおります。ですから小学校なら小学校、中学校なら中学校、一応の勉強は学校で要求するようにするのが重要でしょうけれども、すぐに偏差値とか何かにだけとらわれるのではなく、ペーパーテストにのらないことも好きなことをやって蓄積しておかないとあとで伸びないということがあるのではないかと思うのです。

たとえば、私は大変小説なんかが好きで家にも本がいっぱいあったんですが、本が少ない時代ですから、近所の人でいろいろ借りに来た人がいました。私の一年上の人ですが、その家のお母さんがうちへ来たんです。どう言って来たかというと、「うちの子供に本を貸してもらっては困る」と、こう言うんです。それで、こっちは別に貸したいわけじゃないのに借りに来ていたので、「ああ、いいですよ」と言った。うちの母は非常に怒りましてね、人のうちに貸して来れるなと言って来るのはおかしい、借りないように自分の息子に言えばいいじゃないかなんて言っておりましたが、それはともかく、そのようにして小説も講談本も読ませないようにして勉強させたわけです。そしてその子は小学校はなかなかいい成績で、中学（旧制中学）までも一応ちゃんと入りました。ところが中学を出るころはその辺では有名な不良少年になっていたのであります。学校についていけないんですね。

また、将棋をさせない家もありました。今は将棋が随分盛んなようですが、とにかく学校にすぐ役に立たない無駄なことはさせないという考えが強すぎるのではないかなと思うのです。その意味からいっても、自分の人生の将来まで考え、それから自分の好きなものもやり、それはとにかく次の学期の成績にどう関係するかなんてけちなことばかりを考えない。眼前の試験以外にも好きなものを持ち続けることが余裕力になり、結局目前のものを解決する時もそこには表れない余裕となって、さらに次の段階の力になるのではないかなと思っています。

第二章　知を学ぶ

「己に克つ」ということは、そこに「知」を働かせること

前に、自分の意志にあること、すなわち、自分の決断で採用できることと、できないことを区別しようということをお話ししましたが、その区別がはっきりしますと、自分というものは結局は自分の意志である、ということもはっきりしてくるわけです。

よく昔から美徳の重要なものとして「己に克《か》つ」ということが言われています。「己に克つ」ということも、しばしば自分の意志にあることと、そうでないことを区別しないと、不可能に見えることさえもあるわけであります。たとえば、悪口を言われた時に腹を立てるなとか、腹を立てないというのも、これは「己に克つ」ことであるわけです。しかし、腹を立てなければ悪口がなくなるとか、なくなることを期待することはできませんし、腹を立てなかったからどうなるというわけでもない。

そうすると、「己に克つ」ということは、単にめちゃくちゃに自分を抑えることではな

くて、そこに「知」を働かせることなのですね。悪口でもそれは自分の意志の範囲にないと明らかに見取れば、これは悪口を気にしないという意味での「己に克つ」克ち方が明らかになるわけです。

そしてそのように区別すると「己に克つ」ということは、自分の判断しだいで自由にできること、自分の意志の範囲にあることについては責任を持つということ、そしてそれは自分で採用できるものである、という見極めをどのぐらい固く持つかなのであります。したがって「己に克つ」というのは、非常に自己修養的、道徳的ではありますけれども、同時にそれは高度の知的判断作用なのです。

たとえば、夏休みに毎朝四時に起きて勉強しようという決心をしたとします。朝は眠いということは当然のことでありますから、そこを勇気を振りしぼって起きるのは「己に克つ」ことであります。それだけでは単なる意志の働きですが、そこに「知」が入りますと、己に克ちやすくなるのであります。というのは、朝早く起きるということは誰の責任でもない、自分で一〇〇パーセント自由になることである、ということを一つ見極めること。

さらに進めば、青年にとって本当に幸福というものは、別に寝ることでもなければ、おいしいものを食べることでもない。青年にとって心の底から幸せと思われることは、自分の心の底で、自分は成長しているのだという意識を持った時、これぐらい充実した幸福感はないのである、という洞察を持つことができます。

そうしますと、朝四時に起きて数学の問題を解く、あるいは英語の問題、英文和訳、和文英訳をやってみる。で、きっちりできて答え合わせをしてもよくできたという、そういう時の喜びは、決して朝寝して得た快楽とは、ケタ違いに深い喜びがあること、これを洞察することは可能であります。このような洞察があると、「己に克つ」ことが簡単になります。ですから「己に克つ」ことはひとつ、その底には知の働きがある、ということを認識するべきであります。明確なる洞察は克己心《こっきしん》を強くするのであります。

一例として東郷平八郎さんのことをあげましょう。東郷さんほど勇気のある方はなかったと言われております。明治三八年の日本海海戦で敵の艦隊の前で九〇度転回してTの字型戦法をとった。これは理屈から言えば我が方に有利なやり方であります。ただそのためには危険も冒さなければならない。ところが東郷さんのその時の洞察は、こういうことがあったと思われます。——日本軍は自国の軍艦を多少助けたとしても、もしも日本海海戦で敗れるならば、制海権がないところでは陸軍を補給することができないから、満洲で戦っている陸軍がどんなに勝ってもこれは孤立してしまって、結局大敗北になる。だから船を取っておくことは意味がない。逆に日本軍の船は一隻残らず沈んだとしても、敵のバルチック艦隊を全部沈めれば、これは目的が達せられたことになる――という明確な知の判断があったと思います。その知の判断が疑いもなく明確であったために、危険な敵前Tの字戦法という、少しでも臆病風に吹かれる人ならできないような戦法も断固とり得たと思うのです。これは明確な判断があったからこそ、それだけの勇気ある行為があったのだと思われます。そしてひとたびそのTの字戦法をとれば、あとは艦長や、大砲撃つ人はそれぞれのロジックで動きますので、連合艦隊司令長官は具体的なやることはありません。そうすれば恐るるところなく、甲板にとどまって戦闘を見ることができるわけであります。東郷さんは三笠の艦上から一歩も動かないでその戦いを見ました。三笠は敵の射撃の対象になって、三十発以上の弾丸を受けたと言われておりますが、そのために、甲板は水柱のためにぬれておったそうであります。海戦が終わってから東郷さんが動きますと、東郷さんの足の下は、甲板は乾いておったそうです。これは長い戦闘の間、周囲に弾が落ちるときも一歩も動かないで、ずっと戦闘を見続けたということであります。

東郷さんにしてみれば、もしも自分の命を惜しむことに意味があるという判断があったならば、もっと安全なところにいたかもしれません。しかし決断を下した以上は、もう死んでも生きても同じという洞察があったこと、そして自分が甲板にとどまることは、全員の勇気に関わることであると明察したために、その知がもとになって想像もできないような勇気も出たのだと思われるのであります。

筋を通して考え抜くと勉強の喜びが見えてくる

代数をポッポッ解き始めた頃、初めのうちはなかなか解けなかったんですけども、友人でのち京大の理学部に行って飛行機なんかを作っていた男に、自分のできなかった問題を出したらすぐに解いてみせたんですね。こんなやつもいるのかとびっくりしました。それで自分もいろいろな問題をやってみるのですが、計算は面倒で、いろいろ式を立ててみたり、立てそこなったりしておりました。

ところがそのうち、どこから手をつけたらいいかわからないような複雑な問題が、読んでいると、あー、これはこういう式を立てれば解けるなとわかってきて、次第に大抵の問題が解けるようになったという記憶があります。その喜びは実に鮮烈だったんですね。

それは、学校と関係ない厚い代数学の本の問題を解いていたわけですから、急に数学の成績が良くなることと関係なかったと思いますが、高級だと思われる問題を考えて解いていって、解けた楽しみというのは非常に大きいものでした。

その時感じたのは、学問は我儘《わがまま》を抑えなければ駄目なものだということですね。高校ぐらいの勉強は別に学問という名には値《あたい》しないと思うんですけども、しかし、依然としてそれは学問なんですね。代数の問題を出して、これをどうやって式に立てたらどうなるかってことは、自分の感情だとか、好き嫌いだとかに全然関係なく、純粋に理屈を考えてやらなきゃいけない。

私なんか、田舎の人間は大体そうだと思うんですけど、家族だとか親類が非常にベタベタやっておりますから、情緒的なことにはわりと敏感なんですけど、そういうことを全部抜きにした世界というものは、なかなか体験することがありませんでした。それが代数の問題をこねくりまわしているうちに、数学には我儘は絶対にきかないということを感じた。これは非常にいい発見でした。

我儘はきかない、感情は入れる余地がない、それから好き嫌いは何の関係もない。要するに、出された問題それ自体に己を空《むな》しゅうして直面していかないと答えが出ない、という世界を味わわしてもらったわけですね。

それからまた、これは英語の少し難しいものを読む時にも、似たような経験をいたしました。それは、英語の文章を読んで訳そうとする場合に、ところどころ知っている単語がある。こんなだろうというふうにやっているうちは、全然駄目なんですね。それがやはり文法の筋を考えて、文脈を丹念にたどるという訓練があると、初めてきっちりかゆいところに手が届くような正解ができる、ということも何度かやっているうちにだんだん身についてきたように思います。

私は数学のほうはその後あまりやってないので、あれこれ言う資格はないですが、英語のほうは、いろんな段階の生徒・学生を教えてきましたんですけれども、やはり英語の難しい文章、ある程度まとまった文章を出されて文脈を追うという時、好き嫌いだとか、感情だとか、主観的なモヤモヤしたものを一切抜きにして、文脈を追うという精神的な鍛練が出来てない人は、決して正確に訳せるようにはなりません。あてずっぽうになっちゃうんですね。

勉強というのは何だろうというと、結局、英語にしろ数学にしろ、数学の場合はもっと純粋な形で、筋を通して考え抜くという訓練だと思うんですね。筋を通して考えていくんですから、我儘は許されない。

ところがそれを続けていきますと、「客観的認識」というものに至る楽しみがあると思います。「客観的認識」というと、ちょっと抽象的な言い方になると思いますけれども、誰がやっても、どんな偉い人がやってもそうなるんだという答えが数学にもあるし、英語でも、どんな偉い人が読んでも、きちっとそうなるというところに到達し得る。全く知らない国の難しい言葉をやってもそこに至ることができる。そこに至る共通の場といいますか、自分だけの心の中でのモヤモヤした世界ではないところに至る――勉強とはその喜びだと思います。

集中力は実作業を通して養われる

音楽を学び始めた人がいるとします。学び始めた時はたった一段の楽譜を覚えるのにも、骨が折れるように感じるかもしれません。いや、必ず感じるでしょう。そういう人から見れば、何ページもあるベートーベンだとか、モーツァルトの曲を全部そらで、初めから終りまで弾けるなどという記憶力はどうしたらつくのか、不思議に思われるかもしれません。

ところが訓練されたプロの音楽家というのは、ピアニストであれ、バイオリニストであれ、あっという間にそれを覚えてしまうわけです。また、オーケストラの指揮者などになる人は、膨大《ぼうだい》なスコアをさっと見て、極めて短い時間に確実に頭に入れなければ指揮棒が振れないのです。どうしてあんな集中力がつくのかといえば、それは逆に言うと、仕事をしたからついたのです。

集中力をつけるということでは、たとえば、座禅を組んだら集中力がつくとか、そういうのがあるかもしれません。しかし、高校時代の人たちがつけるべきことは、たとえば、数学の応用問題を式を立てて解く。その一題を解けば、その分だけ集中力がつくのです。それから、辞書を引き引き文法書と首っぴきで、二ページの英語をかっちり読む。そうして読むことができるようになれば、その分だけ集中力がついたということなのです。

ですから集中力をつけるという場合に、では集中力をつけようというんじゃその方法がわかりません。集中力をつけようとするならば、何か具体的に成果の上がるまであることをやるんです。数学だったら、こねまわして解けるまでやる。音楽だったら、その曲を全部暗譜で弾けるようにする。それから英語だったら一ページあるいは一パラグラフ暗記する。繰り返し繰り返し暗記する。そのようにしますと、音楽家が一ページの楽譜をたやすく暗記するように、一パラグラフの一節の英語も、ゆっくり丁寧に読んだだけで頭に入るようになるでしょう。

それからもう一つ集中力の要素としては、そのものに対する関心の深さと、これは完全に正比例するのです。関心が非常に強くなったものに対しては、集中しようと思うことなく集中することができます。

どうすると関心が深くなるかといいますと、一つの問題を縦から横から何度も扱っている時間が長いと、自然に関心が深くなります。そうすると、そのことに関しては、知らないうちに集中力がつくということになると思います。

ですから、もし集中力をつけて英語をパッと一ページぐらい暗記できるようになりたいと思うならば、まず一ページの英語を読んで訳す。その訳した文章を見て、それを元の英語に戻す、という訓練をするのです。そんな訓練をやっていますと、初めのうちはものすごく時間がかかるでしょう。しかしそのうち、初めのころには想像もできないぐらい短い時間で、正確に一つのパラグラフが暗記できるようになるのです。

これは私も、学校で学生にやらせてみますと、言う通りに真面目にやる人は驚くほど集中力がつきます。集中力がつくということは、要するに、実力がつくということでもあるのです。

そういうことを重ねていきますと、そうしなかった人とは、想像もつかないほど大きな差が出来るものなのです。高校時代から、そういう方面への目を開いた人は幸いだと思います。それはどの方面へ向かったとしても同じだと思います。

小沢征爾《おざわせいじ》さんが過ごされてきたこれまでを、三時間ぐらいのテレビドラマにしたものを見たことがありますけれども、今も小沢さんは、朝非常に早く起きてスコアの勉強をする、ということをやっておられます。それはやはり、集中力が重要だからと言っております。音楽の指揮者が集中力が少しでも鈍ったら、タクトを振ることはできません。そのためにはどうするかというと、やはり未明に起きて、何らの邪魔もされない状況で、黙々とスコアを丁寧に分析し、丁寧に読んで、自分で考え、時には暗譜して書いてみたりする、という時間を毎日持っているという、そういうことの積み重ねなのです。

求める気持ちがあると読むべき本が出てくる

高校時代は個人差も大きいので、一概にどうということは難しいとは思いますけども、やはり、高校時代に読書の喜びがつかなければ永久につかないとみてもいいと思います し、また高校時代の読書は志を立てさせるような、あるいはその立志にかかわるような読書になるべきだと思います。何を読んだらよいかわからないという場合は、尊敬する先生などが「これを読んだらおもしろかったな」と言うものを読むとよいでしょうね。それからまた、自分が読んでおもしろかった本を書いた人が「こんな本がいい」と言うものを読むということから始めるべきだと思います。

学科の勉強については、学科の指導および読まなくてはならない本とかが、がっちり決まっていると思いますので、それには触れないことにして、ま、人生の問題ということなんですが、これはやはり求める気持ちがあると、それに引かれて読むべき本が出てくるのではないかと思われるところがあります。

たとえば、私の場合高校のころ何を読んだのが役に立ったかというと、その役に立ち方が、いわゆる受験に役立つとか何とかでなく、将来こうしたいなとか、あるいは未来のライフスタイルということを考える場合に、振り返ってみて大きかったなあというのは一連の佐々木邦《くに》さんの著作です。佐々木邦さんという方は、今の諸君は『トム君サム君』とか『苦心の学友』などが復刊されているので読んでいる人もいると思います。私なんかは、田舎者で周囲が非常に遅れておったというべきでしょう。ところが佐々木邦さんがお書きになっている世界というのは、私から見ますと、進んでいる世界、戦前の日本の中産階級の教養ある人の生活感覚を書いていらっしゃる、そういう印象を受けました。

たとえば、『珍太郎日記』というのがあります。この『珍太郎日記』は、佐々木邦さんの家庭が種《たね》にされているところが多分にあると思いますが、そこでは、旧制高校かあるいは旧制私立大学の予科の先生などを中心とした社会が描かれている。そこに表れた生活感、あるいは交わされる会話などによって、非常に刺激を受けたことを記憶しております。というのは、私の家庭は親自体が大学を出た人間でもないし、田舎の人です。ですから、そこにはない会話が行われている階級を覗《のぞ》かせてもらったということがあります。それから、『凡人伝』というのがありました。『凡人伝』というのは、佐々木さんは青山学院や明治学院に入ったのですが、明治のころの青山学院あるいは明治学院あたりを偲《しの》ばせる物語です。当時の私は田舎にいて、ミッション・スクールというものを知らなかった。ところが、そこに佐々木邦さんが入った頃のミッション・スクールの光景が書いてある。そこで勉強していく人間の姿が書いてある。それなどは私が振り返ってみると、知らず知らず上智を選ぶ際の心理的な基盤になっておったように思います。

佐々木邦さんを読んだから上智を受けたわけじゃないですけども、佐々木邦さんを読んでおらなかったら、たとえば進学係の先生に上智をすすめられたとしましても、いい学校だと誉《ほ》めてくれたとしても、ミッション・スクールというか外人がたくさんいるような、そういう雰囲気の学校を志したかどうかとなると、受ける気にはひょっとしたらならなかったのではないか。当時は昭和二四年ですから、少し勉強できる人は国公立をねらう、できない人が私立へ行くというのが、田舎の中学では完全に確立したパターンでありました。

ところが私は、佐々木邦さんによって私立のキリスト教の学校の雰囲気、物語を知っていた。上智という話が出た時に（上智はカトリックで佐々木邦さんはプロテスタントですが）、学校は国公立だけではないということを知っておったので、わりと抵抗なく受験することができた。考えてみるとその関連性は、佐々木邦さんがあったから受けたんじゃないが、佐々木邦さんがいなかったら受けなかったであろうという関係にあります。で、このように自分の知らない世界を自分の目の前に示してくれたということによって、私は今でも佐々木邦さんに感謝しております。それはユーモア（軽いユーモア）小説といえばそうですけども、あの先生のお書きになっているものは嘘がなかった、と今でも思います。

それから、志を立てる、がんばるということの本になりますと、これはたとえば、田中菊雄先生の一連の人生論の本があります。田中菊雄先生という方は、高等小学校中退でそれから勉強なさって、昔でいえば、今の一流大学ぐらいの数しかなかったところの、旧制高校の英語の教授になられたという方なんですね。高等小学校も出ない方が学校へ入らないでがんばるというその姿、これは私自身が大学へ行けるとは限らないようなところで育ったもんですから、非常に感奮《かんぷん》して読んだ記憶があります。これはまあ、ダイレクトに感奮させるような本でありました。あと、吉川英治の『三国志』とかそういうものを読んだりしてね、結局どれがどうということはありませんが、『三国志』を読んでいなかったならば、スケールの大きな人間関係についての関心はどうだったでしょうか。あるいは、吉川英治の『太閤《たいこう》記』を読んでいなかったら、日本史なんて生き生きとした把握《はあく》ができなかったんではないか、なんて思うこともあります。ですから、別に勉強するというのでなくて、おもしろいから読むというだけでも、読書というものは、それをしなかったら考えられないぐらいの広い世界を、自分の目の前に見せてくれるものであると思います。

三国志、太閤記、英雄伝……史書を読むと人間に対する目が開かれる

何のために本を読むかといえば、高校生の場合、自分の知らない世界を覗かせてくれるものということが、一つの大きな眼目になると思います。知らない世界を覗くということにはいろんな面がありますが、その一つは大人の世界はどういうふうに動いているのかということを描いてくれること、これが非常におもしろいと思うのです。

たとえば、『三国志』だとか、西洋人なら『プルターク英雄伝』、あるいはもう少しかたいものでギボンの『ローマ帝国衰亡史』だとか、あるいはナポレオンの伝記がなぜ読まれるかといえば、非常に大きなキャンバスの上の絵を見せてくれるような感じだからです。

そしてそういう大きな世界というものは、読書をもってする以外は我々には知りようがないわけです。今はほかのメディアもいろいろ発達していますけれども、読書というのは、ふっと気がついたときに、あのへんをもう一度見たいなというときに、すぐ開いて見るこ

とができるという便利さがあります。

それで私は読む本として、一つは『三国志』のようなものが非常におもしろいと思います。今から三五年以上前に中国に文化革命というのがありましたが、そのころ中国に対する見方がいろいろありました。しかし今振り返ってみると、一番正しかったのは、中国を今も動かしている原理は三国志と同じなんだというような見方をした人の観察ではないかと思います。『三国志』は非常に古い時代のころの物語ですから、厳密な意味から言えば、一〇〇万の大軍は本当は二万ぐらいだったかもしれません。そういうこととは関係なく、そこに動く人間の心理、何が人を感奮させるか、あるいはどういうことのために人は死ぬものであるかというようなことが太いタッチで書いてあるような気がするのです。

私自身も『三国志』を読んでから、東洋の人の気持ちがわかるようになったと思います。そして、それから漢詩がわかるような気になる。あるいはもっと本格的な『十八史略』だとか、そういうものがわかる素地ができます。『三国志』というもの一つを読むことによって、シナ文明を中心にした日本を含む世界のことが大変わかりよくなったと思います。それに『太閤記』、これは日本の戦国時代の物語ですけれども、普通のお百姓の子だと言われる秀吉がどのようにして天下統一をするか、そこには冒険もあれば、スリルもあれば、偶然もあれば、大胆さもある。計画もあれば失敗もある。絶えず考えても尽きることを知らないヒントがあると思います。それは高校生の時に読んだだけで終わらないと思うんです。絶えず何かにつけて思い出す。その思い出すことによって人間が少し利口になったり、洞察が深まるもとになると思うんです。

みなさん方はご存知ないかもしれませんが、『プレジデント』という実業家の読む雑誌があります。この表紙を見ますと、いつも『三国志』に出てくるような人の顔だとか、日本でいえば『太閤記』に出てくるような人の顔が出ていた時代があります。なぜそうなるかというと、今、ハイテクを中心とする日本の産業社会においても経営者などにとって重要な心構えというのは、『三国志』の時とあまり変わらないし、『太閤記』の時ともあまり変わらないというようなところに人々が気がついているからだと思うんです。『三国志』の筋を知らない人もいなければ、『太閤記』の筋を知らない人もいないわけですけれども、にもかかわらず読むたびに大人にヒントを与えると思います。

大人の世界を生《なま》で読んでも、高校生のときはピンと理解できないかもしれませんが、そこはさすがに古典的な読み物だけあって、シナの『三国志』、日本の『太閤記』、このようなものは娯楽でありながらも、否、娯楽であるからこそ読んでる時夢中になってふと気がつくと知らない世界、大人の世界を見ていたというような気になるんだと思います。

それから西洋のことですと、いわゆる歴史の本を読んでもなかなかピンとこないものです。ところが『プルターク英雄伝』を読みますと、ギリシア、ローマで活躍した英雄が出てきます。我々は今シーザーになるわけでも、アレキサンダーになるわけでもありませんが、将来企業を経営する、あるいは学校の先生になって教室で生徒と付き合う。そのようなものはすべて人間関係であり、そこには、あるいは悲劇があったりあるいは喜劇があったりするわけですが、こういうことを大きなスケールで示してくれます。

『プルターク英雄伝』は大体ギリシア、ローマの話ですが、西ヨーロッパの人たちあるいはアメリカ人なんかでも、国を動かしている人たちは、子供の時から『プルターク英雄伝』なんかを読んでシーザーを考え、アレキサンダーを考えてきたわけです。近代のものではナポレオンがなぜおもしろいかという場合も、やはり同じことがいえると思います。

いわゆる教科書で歴史を読んでもそれだけでは実感として迫らないものであるし、あまり参考にもならないというのが私の実感です。伝記や英雄伝、そういうものを読むと、その英雄の周囲に動く人々、社会、それがいきいきとわかるようになるわけです。だから皆さん方が東洋であれ日本であれあるいは西洋であれ、その世界をわかろうとする具体的なアプローチとして、今言った、通俗に近い物語を読むことをおすすめします。役に立てようなどという気持ちがなくて読んでも充分楽しいし、ふと気がついてみると、やはり読まなかったよりは人間に対する目がうんと開かれたような感じがすると思います。

優れた人物、すばらしい人生に学ぶということ

近ごろの若い人は「尊敬する人物」と聞かれると、自分の親だとかあるいは今まで習った先生全部がそうだとか、いかにももっともそうな、文句のつけようのないようなことを言うのが流行っているようであります。しかし本当にそれ以外にないのでしょうか。本当にないとすると、それは、その青年は偉い人の伝記を少しも読んだことがないという大変悲しいことになります。

それからもう一つは、おそらく民主主義の履き違いで、偉い人を尊敬してはいけないんだという気もあるのではなかろうか。人間みな平等で、向こう三軒両隣、どんぐりの背比《せいくら》べみたいなのがいいのであると漠然と考える。抜きん出るということは、少しも美徳でないというような気風があるので、本当は尊敬するような人がいるんだけれども言わないとか、ま、そういう気風があるので、心の底では尊敬する人を求めているんだけども、それ

を発見し得ないでいるというようなこともあると思います。

しかし振り返って、人間の進歩というものを考えていきますと、あるいは文化というものの歴史を見ますと、必ず偉い人によって積み重ねられてきているわけです。たとえば簡単な話が、いいクラシック音楽になりますと、それはやはりモーツァルトとかバッハだとか、そういう偉い人が出ないとその高さまで行かないのです。もっとポピュラーなところでも、ビートルズが出たあとと出る前では、やはり人間の感受性が違うということがあります。

学問・文学でも大作家が出たあとと出る前では、その一つの国の文学、言葉全体のきめこまやかさ、奥行きが変わっていくのです。大文学を持たない国では、言語学的には、言葉としては同権ではありますけれども、その内容の豊かさ、そういう大きな文学を持った言語特有のこまやかさ、緻密《ちみつ》さ、あるいは骨太さ、そういうものはないようであります。そういうものを言語学的に言ってみろといっても、なかなか難しいのでありますが、その差はないかといえば厳としてあるわけであります。

たとえばイギリス文学などにおいても、西暦一四〇〇年に死んだチョーサーという人がおります。『カンタベリー物語』という大きな物語を書きましたが、この人が出る前と出てからとでは、イギリスの文学というのはまるで違うのです。チョーサーという人が一度出てしまうと、それからは大きな坂を一つ上がったような感じになるのです。

それから、シェークスピアなんていう人がその後また出ますと、その後のイギリスのドラマ、イギリスの文学一般、あるいは英語そのもの、これがとてつもなく豊かに奥深くなるということがあります。これなんかも、いずれも積み重ねであります。そういうどうしても忘れることができない大きな人がいるわけですね。

今、文学のような形で言いましたが、もっと具体的な例で言えば、たとえば今、裁判にかかった場合に、自分が有罪であることが証明されない限りは無罪であります。これは文明国では当たり前ではないかと言われますけれども、そんな理屈が通る国がこの世の中に何か国あると思いますか。そういう有罪であることが証明されるまでは無罪だという当たり前な原則を打ち立てるために、どのくらい偉い法律家たちが努力したことか、というようなことを考えてみる必要があります。

また、政治でいえば政党主義というのがあります。政党政治があって一つの政党がやり損なう、あるいは限界に達すると、今まで野党として見ていた政党が取って代わる。取って代わった時も、前の人たちの首を切ったり、財産を没収したりしない。これは当たり前のような話でありますが、やはりそういう原則が生まれ文明的な政治交代が起こるためには、偉い政治家が出て、その道を開いたわけであります。ですから、今、世界中を見ても、そういう血を流さない政権交代ができない国のほうが圧倒的に多いわけです。それから商売でもそうです。契約したらきちっと守る。自分が損しても守るというような商習慣を立ててくれた人たちがいなければ、その国では近代的な経済活動なんかできっこありません。借金を返さなくて、金持ちから借りてどこが悪いんだとみんなが思うようになれば、結局、金融ということができなくなります。金融がなければ、近代経済などは初めから成り立つわけがなく、実際成り立たない国がいっぱいあるわけです。

このようなことで、偉い人が出たおかげでその前とあとが違ってくるということがあるのです。で、その偉い人とはどういうことかというと、具体的には伝記などを読むとよくわかるわけです。その伝記は何も教訓的に書かれた伝記である必要はありません。たとえば、太閤秀吉。秀吉のことが書かれた『太閤記』など、これは講談みたいなものでありますから、細かいところでは不正確でありましょう、嘘もありましょう、誇張もありましょう。しかしたとえば、明智光秀が織田信長を殺したという知らせを聞いた時、秀吉があっという間に毛利家と手を打って、直ちにとって返して天王山の戦にのぞんだ、といったあの素早さ、断固たる決意、これなどは極めて大きなスケールなので、我々が日常使うというわけにはいきませんけども、なるほど大きな転換期の時には、息もつかせぬ断固たる決意によって活路が開けるというようなことの教訓にはなるわけであります。それは実社会に働こうとする人たちに決断というものを教えることでありましょう。

また家康の伝記を読んで、かなわないと思う相手に対してはあくまでも丁重に、しかも律義に仕えながら何十年でも機会を待つというような辛抱を学ぶこともありましょう。それから死に方の美学を大谷刑部《おおたにぎょうぶ》などに学ぶこともありましょう。それはスケールの大きい小さいはあれいろんな意味で、我々がこうありたいものだと思う姿を見せた人がいるわけです。それは本を読まなければ知らないでしまうことであります。

昔の武士たちは今のような活字本もありませんので、武者話《むしゃばなし》ということをよくやりました。それは戦争の話を、武家としての心得として聞く。こういう偉い英雄がいてこういう見事な働きをしたと、それを若い者がじーっと聞いて自らの心を練るということをしたわけであります。

今は何も武士になる訓練をする必要はありませんが、いろんな分野で優れた業績を行った人、すばらしい人生を送った人がいるわけであります。そういうすばらしい人生に感奮することなしに、後世の人にすばらしいなと思われる人生を送った人はないと言ってもよろしいのであります。その意味では早く自分が尊敬するような人を何人も見つけるような、また、待ち受けるような気持ちでやる読書をしてもらいたいものだと思います。

昔の人に学ぶ――優れた先人からインスピレーションを得よう

昔、武士の若者たちは武者話《むしゃばなし》あるいは武者語《がた》りというのを聞くのを好んだと言われます。武者語りというのは、昔、戦場に出た経験のある老人だとか、そういうベテランが暇な折に若者に戦いの話をして聞かせるのです。それを一所懸命に聞くことによって心を練ったり、覚悟を決めたりしていたわけですね。その武者語りを聞く態度の熱心さでその資質がわかったと言われるくらいです。優れた猟犬を作るためには、子犬を優れた猟犬につけなければいけないとよく言われています。子犬のころから優れた猟犬につけるとその犬も優れた猟犬になりやすい。それをしないと駄目だと言われるわけです。

我々は自分のそばに常に優れた人がいるとは限りません。しかし、幸いに我々は本という形で、また時には映画という形で、昔の途方もない人の姿を見ることがあります。その書き記したものはどれぐらい正確かわかりません。たとえば『三国志』だとか『太閤記』

だとか、どれぐらい本当に書いてあるかわからないと言ってもよろしいでしょう。おそらく武者語りの人が戦場の自慢話で誇張した話をするのと似ているかもしれません。しかし誇張とかそういうことはあっても、豊臣秀吉なら豊臣秀吉の物語に隠して隠すことのできない姿があるのです。織田信長なら織田信長でそういうことがあります。

たとえば秀吉の場合ですと、自分の主君が殺されたというような大事件があります。そういうことは我々自身が体験するようなことではありませんが、皆に見やすい大事件ということで非常に参考になるわけです。織田信長が明智光秀に殺された時に、織田信長の家来の主だった者、柴田勝家だとか前田利家だとか、あるいはそのほか稲葉《いなば》一鉄《いってつ》だとか、滝《たき》川《がわ》一益《かずます》とか佐々《さっさ》成政《なりまさ》とか、そういう偉い武将たちがいっぱい方々の戦場に行っておったわけです。しかしこの人たちは信長が殺されるという情報が来た時に、みんな為すことを知らず呆然としてたたずんでしまった感じなのです。たとえば前田利家という人は非常に優れた人ですけれども、何はさておいてと自分の故郷に帰って自分の城を固めております。これは、いざという場合に自分の領地で反乱が起こらないようにするためということもありましょう。ほかの人はもっとだらしない、おろおろした感じです。ところが秀吉だけは、一番強敵である毛利家とにらみ合っていたにもかかわらず、その情報が伝わるやいなや直《ただ》ちに和平の手を打ってあっという間に中央に戻ってきて明智光秀を打ったわけです。明智光秀としてみれば、天下を取ってからわずか一〇日かそこらで、つまり当時の時間の流れに対する感じからいえば、昨日やったと思ったらもう今日仇討ちされたような形で足場を固める暇も覚悟を決める暇もなかったと思います。我々自身にはそんな大事件は起きないでしょう。しかし似たようなことはいっぱいあるのですね、小さな範囲で。そういう時の秀吉は何をしたかというと、目の前のことは非常に重要なことだけれども、それをスパッと捨ててもっと重要なことにパッと切り替えておろおろしない。そういう教訓を得ることができます。

あるいは秀吉の若いころを見ますと、どうもこの人は怖いという感じを持ったことがないんじゃないだろうかということがあります。我々はみな臆病ですから、怖いこともいろいろあります。やくざとけんかして怖がらないというのはバカな話ですけれども、そういう匹夫《ひっぷ》の勇ではなくて、秀吉の伝記を見ますと、この人は大仕事を目の前にして恐怖の観念を完全に頭から取り去ることができた人だなあとわかります。こう見ますと肝っ玉の小さい我々でも何らかの教えられることが多いわけです。

織田信長だってそうです。織田信長は桶狭間に切り込んだ。ああいうことは大変なことですね。我々は決してそんな目にあうことはないと思いますけれども、織田信長の短い生涯を見ると、一度使った手は二度使わないという特徴があります。桶狭間みたいな戦争の仕方は二度とやっていません。その次は必ず大軍を連れて行って勝つようにしています。長篠《ながしの》の戦いでは、鉄砲の使い方をしっかり工夫して武田の騎馬隊を滅ぼすようなことをしています。それが当たったから次の戦争はそれをやるかというと必ず別なことを考えております。なるほどこれだから初めて日本の中世にピリオドを打つような大きな仕事ができたんだなとわかります。成功したからといって同じ手を二度と使わないというのも偉いなあというようなこともあるわけです。我々は成功したら同じ手を二度三度使ってもよろしいんですけれども、心の隅に「信長」がありますと、あまり図に乗って同じ手を使うようじゃマンネリになる恐れがあるな、というような教訓になるわけです。

あるいはもっと普通の生活の仕方、たとえば江戸初期の伊藤仁斎《じんさい》というような学者の生き方も参考になります。浪人が多くて禄《ろく》を得るためにはどんな卑屈なまねでもしかねなかったころに、伊藤仁斎およびその子供たちは千石、五百石といった大きな禄を出されながらも、自由に勉強したいというその一心から断っているということなども学問する人たちには参考になる。

確かにこのようにいろんな点においていろんな仕事をなした人の伝記を読むことはかなり誇張や不正確なところがあっても、読み方によってはインスピレーションが得られることになるのだと思います。

学業は能力の一部。よく鍛えるべきだが、より根元的な能力がもっと重要だ――知能と知能因子のこと

もう十年以上も前のことになりますが、私の小学校からの同級生であった人が亡くなりました。この人は小学校からずっと一番でありました。単に勉強ができるだけでなくて、かけっこなんかでもクラスで一番速かった男です。旧制中学のころなどは、学校始まって以来の高い平均点を取ったのです。もちろん、一流大学を出まして一流銀行に入ったのです。ところがその銀行もそろそろ定年に近づきますと、重役になったり、あるいは他のいいところへ転出するわけでありますが、どうもその人はあまり恵まれませんでした。ところが学生時代に彼よりはるかに成績の悪い人が、ずっといい線にいっている例がいくつもあるのです。

皆さん方の周囲でも、学校の成績は良かったけど、実社会ではそれほどでもないという方が知り合いの中にいらっしゃるんではないでしょうか。また逆に、学校ではどうという

ことはなかったのに、一芸に達して、立派にやっている人もいると思います。これは高校生のころの私なんかにとっては、非常に不思議なことでありました。学校でよくできる人がどうして社会では必ずしも良くならないのか、学校がダメなのに、実社会ではいい人が少なくないというのは割り切れない思いがしばしばしたものです。もしも学校の成績がいいことが実社会での良さとつながらないとしたら、学校でやることなんかつまらないことじゃないかと思ったりしたものです。

こういうことを不思議に思ったり不可解に思ったりした人は、何も私が最初でもありませんし、我々が最初でもなくて、昔からそういう現象には人は気づいておったのです。一三〇年ぐらい前に、ハマトンというイギリス人は、この二つの現象を説明するために、ワシとダチョウの比喩《ひゆ》を用いました。ワシだとかツバメは、地面にいてもなかなかよく歩けない。ところがニワトリだとかダチョウは、地面では非常によく歩く。しかし地面で歩けないワシやツバメは、ダチョウやニワトリの知らない空を飛ぶことを知っている。人間の頭の良さというものは、このようにダチョウやニワトリのように働く人、ワシやツバメのように働く人がいるのではなかろうか、とこう言っておるのです。

これは極めて優れた比喩でして、たとえば数学だとか統計だとか、あるいはコンピュータの扱い方だとかが非常にうまい人が必ずしも金もうけができるとは限りません。案外、景気の変動をよく当てて実業家として成功する人は、特に学校の成績が良かったというわけでないのに、パッと感じただけで狂わないということがよくあるのです。

これに相当することを、もう少し大脳生理学的に申しますと、最近の学者はこんなことを言っています。人間には知能因子というものが、理論的に一二〇種ぐらいある。この一二〇ある知能因子のうち、はかれるものとはかれないものがあって、比較的はかりやすいものが四十数個、はかりにくいものあるいは、はかれないもの、あるいは見当のつかないもの、これが七十数個あるとされているのです。

たとえばはかりやすい知能因子というものはどういうことかというと、大体ペーパーテストにのるのがそうであります。図形のパターン認識力が優れておれば、これは幾何《きか》学の問題、図形問題などはできるでありましょう。記憶力が良ければ、いわゆる暗記ものは非常によくできると言われます。それから数学的論理力、これは応用問題を見て、数式が立てられるような知能であります。このようなのは、いずれもきっちりとはかってもらえるのであって、これを鍛えておけばどんどんできるようになるのであります。

ところがそれとは反対に、全くはかりようのない知能因子というのがあるのです。それは美しさを感じる力だとか、人の心がわかる能力だとか、それから連想能力がおもしろいとかいうことです。連想能力というのは、赤といったらどういうことを連想するかというものであります。空想力だとか、ないものからあるものを作り出すクリエイティブな力、このようなものはペーパーテストではかるわけにはいかないのです。ですから、学校でははかってくれないことを前提といたします。

ペーパーテストではかれる知能因子の特徴というものは、必ずそれには解答があって、それを出題者はわかっているという特徴があります。どんな難しい数学の問題、あるいは英語の入試問題でも、それは出題者にはわかっているわけです。ところがはかれない知能因子ですと、たとえば来年の景気はどうなるかといったようなことは、たとえ入社試験問題に出しても誰も採点ができません。ま、重役でも社長でも来年の景気などはわからないからです。比較的そういうのが当たる人がいるんですけども、採点はできません。このように我々ははかり得る知能因子と、はかり得ない知能因子と二つあることを覚えておくべきです。

我々は小学校以来ずっと大学、あるいは大学院に至るまで、評価を受ける時は、はかり得る知能因子で評価されているわけで、どうしてもそこにウエイトをかけることになります。そしてはかり得る知能因子を鍛えることは、これはこれで非常に価値のあることです。はかり得る知能因子の高い人がたくさんいるということが、文明国ということのしるしなのでありますから、そういう人が多いことは非常によろしい。しかしそういう知能因子というものは、会社あるいは役所などに勤めておりましても、ま、大体新入社員から課長ぐらい、会社の大きさにもよりますけども、課長ぐらいまでに一番有効なものです。

もちろんはかれる知能因子が鍛えられておりませんと、基本的なことができないので、使いものにならないわけでありますが、それを鍛えておきますと、課長ぐらいまでの仕事ですと極めて有能にこなすことができます。ところが部長になったり、重役になったり、社長になったり、いわゆる経営職になりますと、今までの延長上ではできないことになります。ですから、非常に有能な課長さんが、部長になった途端に断崖から身を投げて死んだなんて話を聞きますが、これは誠に象徴的な出来事で、課長さんぐらいまでですと、はかれる知能因子、はかれる業績で鍛え抜いていって、そして、そこで認められて部長になった。部長になりますと、これはどのような事態があるかわからないことに対して、計画を立てなければなりません。そうしますと今までのようなわけにはいかず、ふと気がついてみたら、ちっとも羽を鍛えておらなかったのに、いきなり断崖から飛べと言われたような感じで落ちた、ということを象徴的に示すように思われるのです。

皆さん方はこれから大学に入り、あるいは大学院に行ったり、会社や役所に勤めたりするでしょうが、当分の間は、はかり得る知能因子ではかられるということを自覚すべきです。そしてそれがよく鍛えられておりませんと、いい大学あるいは、いい会社には入りにくくなります。しかし、しばしば危ないことは、それが絶対だと思うことなのです。たとえば人を愛する能力なども、これも決してはかることはできません。美しさを感ずることもはかることはできません。しかし、はかり得ない能力、これが人生にとっては、ある意味ではは
かり得る知能因子よりも根元的なのではないか、ということを常に頭のすみにおいていただきたいのです。

独創力をつけよう

人間の知能を考える場合に、これを知能因子というものに分解して考えることができるとされております。この知能因子は大きく二つに分かれまして、「はかりやすい知能因子」と「はかりにくい知能因子」あるいは「全然はかれない知能因子」とに大別することができます。

たとえば、パターン認識などというものは、大変はかりやすい知能因子です。たくさんの図形のうちから同じ三角形を三つ見つけるとか、そういう知能です。あるいは数学的論理力と言われているもの、これは応用問題を見て数式を立てるような知力、これもはかりやすい。言語能力に関しましても、英語の単語を覚える力、これなどもはかり得る知能因子です。

このように、はかりやすい知能因子はたくさんあるのですけれども、ここで我々が注意しなければならないのは、学校というのは主として、はかりやすい知能因子を刺激し、これを伸ばし、それをはかってくれるものであるということであります。特に入学試験などの場合は、これは初めから選抜試験ですから、なるべく手っ取り早く受験生の知能を見たい。これは、はかる側の要求であります。また、はかられるほうもなるべく公平にはかってもらいたいという欲求がありまして、ますます学校教育の主流は、はかりやすい知能因子にかかわるわけであります。

我々がふつう主要学科と言っているものは、すべてこのはかりやすい知能因子にかかわるわけなのです。ところが、知能因子の中には、はかりにくい知能因子がある。これは学校ではほとんど中心になることはありません。はかることができないから、学校では困りますし、先生だって、はかりにくいものではかるわけにはいきません。

では、そのはかりにくい知能因子はどんなものかというと、具体的に例を挙げますと、エジソンの話があります。エジソンという人は子供の時大変学校の成績が悪くて、物覚えも悪いし、学校の先生はエジソンに対して、「おまえの頭は腐った卵みたいになってるんじゃないか」とさえ言ったといいます。ところが、ご存じのようにエジソンは世界の発明王になりました。

先生がこの子は駄目だと言った時に、エジソンのお母さんは「いや、この子は見込みがある」と言ったのです。どういうところがお母さんから見たら見込みがあるかというと、「これは何だろう」という疑問を持つ好奇心が並はずれて強い。そうして、それを自分の目で確かめないと安心しない、容易に納得しない。容易に納得しないということは、ちょっと教えられてもすぐのみこまないということであって、これはむしろ学校などでは邪魔になる話であります。

たとえば、卵からどうしてガチョウがかえるのかと聞いたら、それは卵を温めるからだと説明された。そしたら子供のエジソンは夜帰ってこなかった。親が一所懸命捜してみたら、ガチョウ小屋に入ってその卵を一所懸命抱いて温めておった、というようなことがありました。

これなんかは笑うべき逸話《いつわ》でありますけども、卵を温めたらかえるというのを聞いて、「よし、一つ温めてやるか」と、自分でやってみなきゃ安心しない、容易に納得しない、自分の目で見るまでは納得しない。そうしますと、何でもかんでも自分でやってみるというのも、これは一つの能力といいましょうか、知力であります。

ですから、ありとあらゆる実験の方法を次から次へと考えて、確かめてみたい。たとえば、物質に電気を通しますと、非常に灼熱するということは、かなり前から知られたことでありました。しかし、結局燃えてしまうわけですね。それで燃えない物にしたらいいだろうと考え、エジソンはあとは飽きもせず、次から次へとこれならどうだろう、あれならどうだろうとやって、結局、白熱灯のもとみたいなものを考えちゃうということがあるわけです。

それから、既成の概念にとらわれないということがあります。しばしば錯覚を起こしやすいのは、はかり得る知能因子と創造能力とをごっちゃに考えたり、あるいは、幼稚園以来学校までずーっとやってきた線で、勉強が続いているような感じを持ってしまうということなのですね。

人間の独創力というのは、必ずある時に飛躍を要することがあります。たとえば、真空管というのがあります。これはエジソンのころからある。大きいと不便だから、だんだん真空管を小さくしていこうと工夫して、どんどんどん小さくする。ある程度まで小さくなった時にある人が出てきて、もう真空管でなくてそれに代わる物質というわけで、初めてトランジスタになったわけです。その真空管からトランジスタに移るあたりになりますと、これは考え詰めていって、もうこの線では駄目かという時にポッと出る、跳ぶのです。ポッと跳ぶというのが、どうしてなのかということなのですね。

これは、今までの既成の路線を徹底的にやる精神を持つと同様に、ふっと離れるというところが必要だと思うのです。ポッと跳ぶというところがなければならない。これは学校にいる時はほとんど出す余地がない。強いて出すとすれば、勉強ではほとんど出す余地がありませんので、自分の生活の方法だとか、あるいは勉強法もいろんな工夫をしてみる。そのためには自分がいろんなことについて不幸であるとか、不便であると考える意識が強くなければなりません。不便である、不幸であると考えましたら、これこそ独創力を促すもとであるぐらいに考えて、それをどうしたら自分なりに簡単に、あるいは、より良くできるか、そんなふうに生活の、身のまわりの簡単なところから始めるのが独創のもとになるのじゃないかと思います。

たとえば、多少通学距離が長い人がおります。この通学の長い時間はまるで死に時間です。電車に乗りましても混んでいて、本なんか広げられないことがあります。その時に自分は通学時間が長くて損だなあ、これもしょうがないや、家が遠くにあるんだものと思うのもこれは当たり前であります。しかしそこであきらめないで、何かいい方法がないかなと考えて、少し学校に早く出ようということで、普通の通学時間より三〇分あるいは一時間早く出る。そうすると必ず座れる。それにあまり混まない。そこで集中して毎日通学時間のうち一時間ぐらい英語の単語を学ぶとか、公式を覚えるとかをやれば、それは独創性というには少し大げさではないかと言われるかもしれませんが、そういう、ただ通学時間が長いと嘆けばそれまでのものを、これじゃいかんと言って何か手を打った。これが独創性の始まりであります。

こういうことを子供の時から、あるいは学生の時からやって、時間の節約だとか、健康の維持だとか、自分なりに工夫していくこと、この態度を維持していくことが、大きくなってからも仕事の上でも、あるいは、もっと大きなスケールのことでも、みんなが駄目だと思っているところに活路を、意外な活路を見いだすもとになるのではないかと思います。

第三章　文化を学ぶ

一つの言語は一つの文化である

日本と外国との習慣が違うことは当然であって、どちらの習慣がいいとか悪いとかいったものでないことは確かです。しかし、どうでもいい習慣、それをやられると相手のほうが居たたまれなくなる、不愉快になるという習慣があった場合は、これは不愉快な思いを与えるほうがそれを避けるべきだと思います。

特に国際的なところで、圧倒的に相手のほうが多い場合は、そちらに合わせるというのが当然の礼儀であります。普通は日本人が日本人に対してやるようにやっておいて間違いはないのですが、例外的に大きな支障となるものに、スープの飲み方ということがよく言われます。

我々はスープを音をたてて飲んでもどうということはありません。熱いうどんなんかはチューチュー音を出して吸うのがいかにもうまい感じであるなんて思うわけです。ところが、欧米人はスープで音を出されると、実際居たたまれないんだそうですね。日本の団体客は向こうのホテルで歓迎されるのですが、食事の時に何人もの日本人の団体が派手にチューチューやると、他のお客さんがとても居たたまれないというので、日本人の団体客は別の食堂にするとか、食事の時間を変えるとかいうことを実際やっているということも聞いております。

日本人は金払いもいいし、部屋も汚さないし、なかなかいいお客なんですけれども、しばしば嫌われたり、格式高いいいホテルでは日本人の客を泊めないとか、団体客は泊めたがらないとか、そういうのを聞くのは、ほかでもないスープのことということもあるのです。

スープは日本では「吸う、飲む」といいますが、英語ではeatと言います。ドイツ語でもやはりessen（食べる）と言うのです。日本でも、食べる時はクチャクチャ食べたら失礼ということになっていますので、スープを飲むという英語の動詞はeatなのだと覚えておけば、なるほどクチャクチャしてはいけないんだなということがわかりやすいでしょう。このように、日本人が直訳するとdrinkになるところがeatであるだけでも、これだけの大きな文化的な障壁になり得るのです。

別の例を挙げますと、アメリカではよく「elected か selected か」と言われます。どちらも「選ばれた」ということになるんですけれども、elected は投票で選ばれたほうです。selected は投票でなく選ばれたほうです。どちらが重要かというと、これは断然 elected のほうだというのが、民主国のセンスなのです。というのは、大統領はじめ一番重要なポストはまず elect され、elect された人が自分の部下を select するからです。これなども、語呂合わせになりますが、select か elect か、どちらが偉いかというような考えが根本にあると言えましょう。

同じことでは、大学の「卒業」と日本でいうところを、英語ではcommencement《コメンスメント》（開始）と言います。卒業式をcommencement ceremony《コメンスメント・セレモニー》ということはだいぶ知られてきていますが、これも学校というものに対する発想に関わることであります。日本では「業を卒《お》える」、いわゆる「卒業」でありました。ところが英米などでは、学校というのは要するに社会に入るためであって、社会に入ってから本番が始まるんだという感じがあるので commencement といったわけであります。

これは昔の日本人にはちょっとピンとこないところがありました。というのは、明治以後、今から三五年前ぐらいまでの日本ですと、非常にいいとされた大学の選ばれたコースをひとたび出ると、レールが敷いてあって、よっぽど変なことをやらない限りちゃんといいところに行って、最後にはまたいいところに天下れるというようなレールがきっちり敷いてありました。ですから重要なのは、大学までいい学校を卒《お》えること、すなわち、「卒業」することであって、それで一仕事終わった、やれやれという感じがよく出ておったと思うんです。あとはもう既定のレールであると見なした。

　ところがアメリカなどでは、どんないい大学を出ても、もちろん出た大学が良ければ就職は有利でありますけれども、ご存じのように、しばしば有能な人に限って就職先を変えることが多いわけでありますが、その時も大体三年前、あるいは五年前までの履歴が重要であってその前は問わない、というのが通念であります。

　二〇年前どこの大学を出ようとそんなものはちっとも関係ないことであり、たかだかここ三年か五年間の業績を見ればそれでいいのであって、それ以前はいちいち考えたってしょうがない。それはあたかも、「あの子は難しい幼稚園を出た子ですよ」などと就職係の人が幼稚園を問題にしたらおかしいと我々だって思うように、本当は大学を問題にするのもかなりおかしいことであるわけです。

　難しいと言われた大学を出た人が一流と言われる会社に入るのは、それはまた結構でありますが、入ってからどのくらいの才能が花咲くか、どれだけの仕事をこなせる能力になるかは別問題です。一〇年もたってからどこの大学を出ましたと言うのはおかしな話である、というのが英語圏の発想法であります。これは、日本の社会でも急速にその方に向かってきているようです。

平均寿命が伸びたということもあって、いい大学であろうが何であろうが、二二歳ころか二三、二四の間に一生のコースが決まるなどということは、もうすっかりなくなりました。難しいと言われている大学を出ることは、その時点においていい職場を見つける選択の幅が非常に広いということにはなります。しかし、自分がこれこれの大学を出たからなんて言って鼻にぶらさげて、その後何十年も通用するというようなことは消えてしまいました。

わずか二、三の言葉でありましたが、スープには eat という動詞、select と elect があったら elect のほうが偉いというセンス、それから大学の卒業式は始業式という意味の commencement ceremony であるということ、このようなことを考えますと、我々の社会も意外にこういう面でも英語の世界に近づいてきているんではないかというようなこともまた同時に考え合わされることであります。

ローマが偉大だったのは、ローマ人がローマを愛したからである

イギリスの批評家にチェスタトンという人がおります。この人がこう言っております。「ローマが偉大だったのは、ローマの人々がローマを激しく愛したからである」と。ローマが偉大だったからローマを愛したのではなくて、ローマを愛したからローマが偉大になったというわけです。

これは、歴史を考える場合に言えることではないでしょうか。どこの国にもそれぞれの民族のプライドというものがありますけれども、比較的偉大という感じのある国とそうでない国があります。個々の人間の能力を比べれば、オリンピックを見てもわかりますように、ずいぶん弱小な国でも高い点数を取る国もあります。

たとえば、イギリスとかフランスはどう考えても大きな偉い国ではありますが、必ずしもオリンピックではそういい成績をあげるわけでもない。アメリカのような大きな国で金

メダルが多いのは別格としましても、昔は、偉い国が何でも強かったと思ったんですね。ところが、オリンピックなんかに出てわかったことは、個々の能力なんかを比べてみますと、どうもどの国も訓練さえすれば大して変わらないということです。たとえば、中国という国は戦前はオリンピックなんかに出せる国ではありませんでした。ところが、少し訓練すれば、たちまち体操でも金メダルを取る。どの国もそうだと思います。

では、オリンピックでメダルを取るぐらいのことがどこでもできるのだから、先進国になることもどこでもやればいいじゃないかという話になりますが、そうはいかないのです。なぜかというと、いろんな国において一番大きな差は、その国の大部分の人が自分の国を愛しているかどうかで決まるからです。自分の国を愛し、かつ誇りに思うことが全体として少ない国があるわけです。そういう国では、個人競技ではいくら偉い人が出ましても、その国自体は大きな文明も作れないし、偉大な国とも言えないと思います。

偉大な国というのは、しばしばその歴史の起源を神話の中に持っております。神話というのは現代の歴史の目で見れば、それはお話であり、おとぎ話であります。しかしなぜ、神話に起源を持って、偉大なる文明ができたかというと、自分の国の起源に対して神話を作るほど、その国民がその国を愛したということだからであります。

アメリカのように、神話を作る時代を過ぎてから作った国もありますが、アメリカ人はとにかく何かでけんかしていましても、星条旗を見るとパッと立ちます。以前、ビデオでアメリカの選挙を見ました。特に民主党の選挙演説では、極左と言ってもいいような人も出ておりました。しかし、二言目には自分はアメリカ人であるというようなことを言っております。そういう自分の国を愛するということがない国は偉大になりません。

愛することのもととなるのは、自分の国の歴史に対して誇りを持つことなのです。誇りと責任を持つことなのです。長い文明の中においては、いいことずくめの国なんてありっこないので、戦争に負けた経験もあったり、よその国に悪いことをしたり、されたり、そういうことを繰り返してきているわけです。

全体として、愛しているか愛していないか、これが歴史を見るもとになると思うのです。ちょうど歴史というのは、自分の親の話のようなものであって、たとえば、自分のおじいさんは妾なんかがいてひどい人だったよ、品行が良くなかったよと、そういう話があってもよろしいでしょう。しかし、そのおじいさんはよく勤勉に努力して立派な会社を作った、あるいは立派な行政官であったというようないい面もあるわけです。

我々は若い時は、特に子供の時は、おじいさんならおじいさんのいいところを主として見るべきである。それから物心がついたら悪いところも合わせて見る。そして落ち着いたおじいさん観を持つ。そして、その根底には絶対にそのおじいさんに対する愛情がなければなりません。

日本の歴史で、特に戦前の歴史の欠点は、いいところだけ見せて悪いところはなかったということを、無理に大人にも押しつけたことです。戦後の悪いところは、おじいさんのいいところを隠して、悪いところしか教えないという非常に不親切な歴史であります。戦前も悪かったけれども、まだ戦前はおじいさんを愛させようという気があった。戦後のほうは、おじいさんをただただ卑《いや》しむべき悪い人間だと教えようとする努力が、強すぎるのではなかろうかと思うのです。

たとえば、戦後問題になっております「南京大虐殺」などというのも、あれは当然物理的にも、当時の日本軍の体制的にもあり得なかったことなのです。南京というのは東京の世田谷区よりも狭かった。そこに二〇万人ぐらいの民間人がおりました。そこにはドイツ人もアメリカ人もイギリス人もおりました。南京城が落ちますと、すぐに日本人の記者だけでも一〇〇人以上も行きました。揚子江の上には、イギリスの船もアメリカの船も浮かんでおりました。そこでどうして何十万人という人を殺せるのでしょう。末端では軍紀を破った兵士もいたでしょう。しかし数十万人の人を殺すには大規模な計画と組織が必要ですが、日本軍にそんなものがあったわけはありません。

しかも、その時の司令官松井岩根《いわね》という大将は、外人記者とも四回くらい記者会見をやっているのです。その外人記者の一人として大虐殺のことなんか聞いておらないのです。質問もしておらないのです。アウシュビッツとは全然違うのです。

そんなことは、当時の状況を多少知っておる人なら、一〇〇人中一〇〇人わかっております。日本の新聞記者も一〇〇人以上行っております。その中のかなりの数の人が戦後も生きておりました。なのに日本軍は民間人を何十万人も殺したということを言い続けようとしている人たちがおります。

一事が万事で、このように日本人の悪いところを、なかったことでも数千倍に拡大して言う人もおります。このようなアプローチは、おじいさんの悪いところだけ、たまたま妾がいたらそこだけ、しかも一人しかいなかったのに五〇人もいたと、あるいは五〇〇人もいたというようなことを言っているようなものです。そして、おじいさんがどんないいことをしたかというようなことは一切言わない。このような歴史になりかかっているのではないかということを皆さん方も頭に入れてください。

そして、まず歴史教育というのは、まずもって自分の国を愛することだということを覚えること。そして、その愛する国にも欠点がないわけではない。そこは率直に見ましょう。しかし、根底に愛情がなければ歴史もへったくれもありません。愛情なき歴史は、愛情なくして自分の親や先祖を見るようなものです。

日本語のすばらしさに目を開こう

自分の国の言葉が優れていることには、日本人は昔から疑問を持ったことがあるように思われません。と申しますのは、古事記、万葉集が現れました八世紀においては、当時の隋唐の文化に比べますと、日本はまだまだ未開と言ってもよろしかったと思います。しかし、その隋唐から文字その他が入りましたけれども、決して日本は自分の言葉を捨てるとか、変えるとかいたしませんでした。

初めのうちは漢字しかありませんでしたけれども、古事記や日本書紀でも和歌が出ますと、それは意訳しないで、必ず日本語の音が残るようにしたわけです。これが「かな」の始まりです。このようにして日本は圧倒的な漢字文化のそばにいながらも、日本語そのものを完全にそのまま残しました。我々が大和《やまと》言葉と言っているのが、それであります。

ところが明治になりまして、初めて日本人の中に、自分の国語に対する自信を失う人も出てきました。たとえば、明治の初めに最初のアメリカ公使になった森有礼《もりありのり》という人は、当時の日本と欧米先進国とのあまりにも大きな工業文明の差に驚いて、何とかこれに追いつかなければいけないということにあせりました。そして全く愛国心からでありますけれども、こう考えたのです。これは漢字まじりの日本語を使うため、膨大な漢字を覚えることにエネルギーを取られて、科学が遅れてしまったのではなかろうか。ぐずぐずしていると日本は植民地になってしまうかもしれないという、そういうむしろ愛国的な気持ちから、日本語を廃止して英語にでもしたらどうかという説を立てました。

それはもちろん実行されませんでしたが、そういったような気持ちは、ずっとその後の日本にはどこかにありまして、この前の大戦で日本が敗れますと、日本語みたいな不自由な言葉を使っていたから負けたんだというようなことがよく言われました。それで志賀直哉のような優れた作家でも本気になって、日本語はフランス語に置き換えるべきではないかと言っておりました。それから、漢字やかなをごじゃごじゃやるのがエネルギーの不経済なんだから、全部ローマ字でやろうというローマ字論者も出ました。いや、「かな」だけでいいという、かな文字論者も出ました。これはいずれも、圧倒的なアメリカとの科学文明の差に驚き、これに追いつくためには日本人のエネルギーをもっとセーブして、言葉に使う時間やエネルギーを、自然科学の勉強に向けなければいけないという発想法からだったと思います。すなわち日本語は、日本の近代化あるいは自然科学に不利な言葉であるということが、暗暗裏に認められておったわけです。

ところが不思議なことに、いずれもその改革案は成功しませんでした。どんなローマ字論者がいましても、日本人は決してローマ字で書き始めません。いくらかな文字論者がいましても、よっぽど変わった人以外は、やっぱり「漢字まじりかな」にしているんです。

そして、その不便だ不便だと悪口を言われた日本語を使っている日本人が、いつの間にか工業生産力においても、あれよあれよという間に欧米を越すほどになりました。今の日本の大きさは、アメリカでもモンタナ州の一州にすぎません。カリフォルニア州一つの大きさよりも、日本全部合わせて小さいぐらいです。しかも天然資源には恵まれていないにもかかわらず、全アメリカが束になってもかなわないくらいの、強力な民生品の工業だとか、また、エレクトロニクスといった先端産業も作っております。国民総生産高では、ヨーロッパ先進国の代表的な国々であるイギリス、ドイツ、フランスを合わせたほどあります。

そうすると、そんなに優れた社会を作っている国の言葉が、非能率的でダメだということはおかしいではないかという反省も出ております。それは当然言語学者がもっと早くから言うべきでありましたが、それはこういうことなのです。「漢字まじりかな」というのは、これは確かに送り出すほうからみるとやっかいであります。たとえば英文タイプを使えば、ほんの少数の文字をたたけばいくらでも手紙が書けます。これを見て、戦争直後の日本人は、あまりの便利さに舌を巻いたわけであります。しかし考えてみますと、送り出すやり方としては、アルファベットだけのほうが簡単でありますが、読むほうから見たらどうでしょうか。読むほうはやはり「漢字まじりかな」のようなやり方のほうが何倍も早いのです。

これは英語でもそうであって、英語のスペリングが非常に複雑である、あるいは不規則である。たとえば、「夜」も「騎士」も「ナイト」である。しかもスペリングに発音しないghやkなどを入れておる、これはけしからんではないかというので、スペリングを改革しようという案は英語の内でもたくさんありましたが、結局成功しなかった。それはなぜかと言いますと、タイプなんかを打つ時は便利だろうけれども、読むほうがたまりません。発音記号を読まされたらたまらないように、たまらないのです。その点から言いますと、「漢字まじりかな」というのは、読むほうから見れば非常に楽なことなのです。

発信するほうのやさしさから言えば、音標文字が一番よろしいでしょう、数が限られていますから。それも、英語みたいな不規則な音標文字がいいでしょう。「漢字まじりかな」は難しいということになります。しかし、受け取るほうの便利さから言えば、ちょうどそれが逆になると考えてもよろしいのです。

ところが幸いなるかな、エレクトロニクスの発展によって、まずコピー機ができました。タイプを打って、カーボンペーパーで複写できる便利さを補うものがコピーでした。そのうちワープロができますと、これは発送するほうも、普通のアルファベットだけで発送するのと、そう変わりはないことになります。そうしますと、読むほうは初めから「漢字まじりかな」のほうが断然有利なのでありますから、これはますます日本にとって有利な形として展開するわけです。これは我々の先祖が、「漢字まじりかな」という恐ろしく便利なものを考えておいてくれたからに外《ほか》なりません。

これは考えてみますと、たとえば〝やま〟というのを漢字で書けば「山」であります。しかし日本人は、これを〝やま〟と読んでもいいし〝さん〟と読んでもどちらでもいいというふうに使いこなしてきました。こんなのは大変デタラメでないかというような言い方もありますが、しかし、これによって術語を作る時は音で読む。それから意味から言う時は訓でやるとか、硬軟自在にできるようになったのです。すべての漢字は漢字音に近く、すなわち音で読んでもいいけれども、同時に訓で読んでもよろしいという原則があるわけです。この複雑さ、この柔軟さ、これは一時マイナスと考えられましたけれど、今では文化的にもまた能率的にも、一番現代に適しているというように認められてきつつあります。

正しい敬語をきちんと使いたい

日本には敬語があるけれども外国にはない、なんていう乱暴なことを言う人がいます。英語は最も民主的な言葉でyouという言い方しかないということを聞くことがありますが、なるほどそうなのでありますけれども、正式の言い方ですと王様であったらYour Majestyとか、いろんなのが今でも使われるわけです。大使ぐらいでもYour Excellency、日本でいえば閣下というようなのも使いますし、言い方も丁寧であります。決して普通の言葉と同じということではないのです。

ドイツなんかでは現代でも少し親しい人と親しくない人で「あなた」という二人称が違います。フランス語でも違うわけであります。日本語の場合は、特に二人称とか一人称が極端に違うということがありますが、これは最近少し整理されてきているのではないかと思われます。ただ、英語には丁寧な言い方がないというようなほうにすっとんでしまわれては困るわけであります。私は節度のある敬語、節度のある言い回し、その区別があったほうがよろしいのではないかと思います。同じ一人称にしましても、「私」というのは大体標準でどこでも使えるし、友達同士で男子であれば「ぼく」などというのも、それはそれでよろしいのではないかと思います。

また語尾変化ですが、語尾変化は日本では極端に発達いたしました。よく知られるように『源氏物語』などでは、語尾変化によって主語がなくても誰が主語になっているかわかるといったようなものであります。そういう敬語法というのが特別にありまして、文語文法では敬語の変化まで教えられたりするわけです。これを称して非常に複雑と言う人もいるわけでありますが、実はヨーロッパ語でもその区別はあるのです。

三人称単数にsをつけるなどというのが英語にありますけれども、英語でも古い言い方ですと、人称によって全部語尾変化が違います。それからまた、助動詞でも仮定法の変化を使ったりいたします。これを我々は時制の変化として、あるいはmood、つまり法の変化としてしかとらえていませんけれども、これを引き直せば、日本語における敬語法の変化と同じことなのです。目上の人にI want to~．なんて言うのは失礼です。たとえばI should like to~．I would like to~．というような言い方を、まともな教育を受けたイギリス人ならちゃんとしています。

したがって、日本語の敬語法に相当するものは外国にないなどという言い方に迷わされないでください。外国にも仮定法を用いた秩序だった敬語法があると言ってもよろしいのです。また敬称なども生きておるのです。かえって、民主的などと言われるものですからその区別がつかなくて、卑俗な英語的な言い方を言って嫌われるということがあるのです。ある意味では、それが非常に危険なのですね。

男女の言葉の差もないと言われていますけれども、会話では性によって好まれる言葉というのがかなりあるわけです。「かわいい」というのも、あるいは「ご親切に」というのも、It's sweet of you. などという言い方があります。これなんかもふつう、It's kind of you. の代わりに sweet of you と言うとなかなかシャレた言い方でありますけれども、これはやはり女性しか使わないと言ってもよろしいのです。

敬語があるという観念があるために日本ではむしろ注意しますけれども、敬語がないと言われるために、私たちは英語ではかえって変にくだけた言い方だけを英語的と見なして失礼な言い方をしている、ということがしばしばあるので注意していただきたいと思います。また、日本の中にあって敬語というときは、私の知っている範囲では、たとえば女性なんかがきっちりした敬語を使いますと、これはいいネックレスやいい着物を着た以上にその女性が美しく見えることも確かです。事実、いいと言われている家の出身の女性は敬語を使っての話し方がぎこちなくないという特徴があります。

男子の場合は、目上の人に対してきちんとした敬語を使えるならば、彼は頭が悪くないなと思われますし、「状況の判断ができる」ということの最もいいしるしであって、それ自体が絶えざる自己宣伝になるわけであります。自己宣伝といってもいやらしいものではなくて、目のある人に認めてもらう最善の方法なのです。しかもそれは単に一夜漬けではいけなくて、自分が気をつけないと自分の育ちがみな出てくるわけであります。ただ、育った環境が悪くても、心掛けしだいで直るということもあると言えましょう。

その意味において、今日のように敬語が乱れている時にこそ正しい敬語をきちんと使えることは、その人の人生をスムーズにし、また長い目で見ると、非常に有利なものだと思われます。自分を有利にするというのは、いかにも功利的でありますけれども、それは結果論であって、敬意を表すべき人にきちっと敬意を示し得るような人が結果的には社会では重んじられておるという、当たり前の話なのです。ただ敬語で注意しなければいけないのは、オーバー敬語であって、滑稽《こっけい》になるほどオーバーでも敬語を使えばいいというふうに時として走りがちでもありますけれども、それはやはり敬語をきちっとしてないというちに入るわけです。「過ぎたるは猶及《なお》ばざるがごとし」というのは、ここにも当てはまると思います。

その点私などは、終始いろんな方とお会いして、若い青年などできちっとした敬語を使っているのを見ますとハッと気がつきます。それは、必ずいい会社、いわゆる名門といわれる会社の社員なのであります。それはきっとその会社でしつけているからだろうと思われるのです。個人的にもまた組織的にも、敬語をきちっとするということは、社会におけるメルクマール、認識票になるのではないかなと思っております。

礼儀作法について

近ごろは、よく礼儀作法が乱れていると言われております。昔は逆に礼儀作法が非常に厳しかったんですね。私が小学校に入った時も、礼法という時間があってちゃんとそのための教科書もありました。座る時足をどうするとか、はさみを渡す時、筆をとる時、全部礼法で絵が入っている教科書がありました。今そんなことはほとんどないようです。しかしまさにそういう時代であるからこそ礼法に対する多少の心構えがあると、いい意味で差がつくと思うんです。

礼法がうるさい社会というのがありました。それは武士の社会とか、今でもやくざ社会では礼法がうるさいそうです。それはなぜかというと、それをきっちり守らないと血を見ることがあるという極限状況があるわけで、それで極めて厳しかったのです。今はそういう極限状況は普通はありません。ですからみんなルースにやるわけですが、しかし重要な点に関しては依然として礼法をきっちり守っているか否かを知らず知らず評価されている、あるいは、はっきり評価されているのです。ただ評価されているほうが気づかないでいるにすぎないということがあると思います。

たとえば学校にしても、先生に対して口のきき方を知らない人がおります。ちゃんと知っている人もおります。そうすると先生は別にえこひいきするわけでなくても、そのきっちりした人に「おっ」と注目します。それが学校だから無作法もお互いに許し合うところがあるんですけれども、実社会に出ますとそれが極めてシビアな形で評価されるわけです。

礼儀作法は別の言葉ではしつけともなるわけですが、しつけ（躾）という字は〝身〟という偏《へん》に〝美〟しいと書きます。それはからだが美しくなるような動き方ということでしつけと言ったわけで、これは日本人が作った漢字ですが、実に本質をよく示していると思います。礼儀作法を守ると何となく美しく見えるのです。男でもかっこよく見えるのです。礼儀作法というのは、実際社会を渡る場合の自信のもとになるのです。

ドイツの大学なんかではStudentenverbindung《シュテデンテン・フエアビンドング》、学生会というのがありますが、これは夜集まってビールを飲んだり、講演会を聴いたりするのが主な会ですが、その目的は学生時代になるべく偉い人と会ったり、ダンスパーティを開いたりして、その時はなるべく、金がかかるという意味じゃないんですけれども、豪華にやります。ですから、学生でも必ずちゃんとした黒い服で銀色のネクタイ、女性でもロングドレスとか着ます。そういうのを学期に何度か決めてやっています。なぜそういうことをやるかというと、将来社交界だとか、あるいは外交官になったり、あるいは実業家となって大きな取り引きの場へ出る、そういうような時にどういうふうに人の中で振る舞うべきかということをはっきり知らないとおずおずするというんですね。それがいかにもみっともない。そして信用を落とす。したがって若いうちから偉い人の前へ出ようが、どんな大きなパーティに出ようが「こう振る舞うべきである」という型を覚えてることがその人間の自信をつくるんだという洞察があるようです。多くのイギリスの学校でも必ずその自信をつけるというのが暗黙の前提になっていると思います。アメリカでも名門高校や大学ではそういう場があります。

日本はそれは必ずしも意識されて学校ではやってくれないのですが、しかしそれは自分の家庭と自分で考えてやるべきです。そしてその方面の欲求があることがわかれば、いくらでも教えてくれる人がいるし、身につける機会もあると思うのです。運動部の人が社会で非常に評判がよくて、運動部でキャプテンなんかをやった人は就職に困らないなんてよく言われています。それはいろんな理由がありますけれども、運動部は先輩・後輩の作法があるとか、あるいは先生とかが一応礼儀と言われるものを教えてくれるんですね。この最低のルールを知っているということが、社会においては非常に安心感を与える。それが就職なんかに関係すると思います。それは社会というものが、礼儀を知らない者は使いものにならないという、長い間、毎日毎日観察を積み上げた歴史があるんですね。ですから礼儀のセンスを持った人を尊び重視するわけです。

実際私なんかも電話をかけたりしますと、電話ひとつでもきっちり伝達が届くというところがあります。日本の中央官庁ともなりますと、応対もしっかりしていますし、伝言が狂ったりすることがありません。これはよっぽどいい教育をしていると思うんです。大きな会社でもそうです。名の通った会社では非常によくしつけがゆきとどいております。要するに礼儀がちゃんと教えこまれている会社がいい会社であり、社会的信用のある会社と言ってもいいぐらいだと思うのです。

高校生でも、高校生としての礼儀というものが必ずあるわけです。それは高校生から見ると大抵世の中の人は目上ですから、目上に対してしかるべく礼を尽くすという心構えが必要です。日本には敬語がありますので、これをきっちり使えるようにしておくことはどれだけ世の中をスムーズに、しかも余計な摩擦なく相手に好感を与えてやっていけるかわかりません。

この敬語というのも身につけるものですから、高校生のころから先生や友達や親に対する言葉の使い分けを覚えておかないと、敬語の使い方がおかしいなんていう大人が出来てしまいます。これはなかなか一夜漬けではいきませんので、意識して言葉遣いをきちっとするという訓練も必要だと思います。

今でも覚えていますのは、小泉信三《こいずみしんぞう》という慶応大学の総長をずっと長くされて、戦後は皇太子の教育係をされた方がいらっしゃいますが、この方が戦死された息子さんについて書かれたものがあります。非常に好青年だったようでありますが、この息子さんがある時に「今日から悪い言葉を整理することにした」というような主旨のことを言ったということが書いてあります。それはそのお子さんが大人になったということを意識されたわけです。

今から言えば高校ぐらいの年ごろだと思いますが、子供っぽい言葉だとか、今風にいえば「じゃねえかよ」とか「やっぱあ」とかいかにも子供っぽいような半端言葉を整理する、と小泉信吉さんという息子さんはおっしゃったそうですけれども、やはりそれは立派な家庭の立派なお子さんだったなあと思います。

皆さんも高校時代のある時点から半端な言葉を整理しなければならない時期があるんだ、あるいはそういう場があるんだということを念頭においてもらいたいと思います。

風物に対する日本的感受性を育《はぐく》もう
そこに豊かな悦《よろこ》びがある

同じ日本人でも世代が違うと考え方が違うというようなことが言われます。これは当然なことです。また、同じ顔つきをしていても日本人と韓国の人、あるいは中国の人、これは違うわけです。なぜ、どういうところが違うかと言いますと、その国の言語もそのうちの一つにありますけれども、常に頭に入っていることが差になるんです。常に頭に入っていることとは何かというと、暗記していることなんです。そして、理解してわかることと暗記していることの違い、あるいは暗記できることと、本であればあそこを開いてみればわかるなというのとの違い、これは思ったより大きいのです。

戦前の我々日本人ですと、たとえば知っている歌が共通しております。教育臨調（中曽根内閣時代に行なわれた教育に関する大規模な臨時調査会）で一年間何度も激論をやった人たちが忘年会をやりました。その時に余興でその翌年から消えてしまう歌を歌おうということになりました。それで「我は海の子」を歌ったのですが、ほとんど全部の人が歌詞を見なくても三番ぐらいまでは出てくるのです。

我は海の子　白波の
さわぐいそべの松原に
煙たなびくとまやこそ
我がなつかしき住家なれ

が、すーと出るんです。そうすると、この歌を覚えてる人たち、つまり歌詞も見ないで歌える人はどこか共通点があるのですね。そして大変懐かしい気持ちになる。それから「村のかじや」だとか「村祭り」なんていう唱歌、これなんかも「うん、覚えていたよ」というのと、今も歌えるのとは随分違うんですが、覚えていて歌えることが貴重なのですね。なぜかと言いますと、和歌なら和歌を読んで感心しますね。読んでその印象を受けるのは尊いことですが、あと忘れてしまうとその影響力はその時にとどまると言ってもよいと思います。ところが和歌でも詩でも、さっき申しました小学校の歌も、歌と言いましたけれどもあれは詩ですが、それを覚えていつでも思い出せるとなると、覚えていることは絶えず頭の中にあって微妙に脳に影響し続けると思うのです。そういうのを相当量覚えてる人と覚えていない人とでは物を見た場合の感受性が違ってくると思います。たとえば私が昔教えられた中学一年の教科書に入っていた、芳賀矢一《はがやいち》という人の文章の中にこういうのがありました。

見わたせば　柳さくらをこきまぜて
都ぞ春の　錦《にしき》なりける

というのです。これは『古今集』からのもので平安時代の歌です。私は近所の公園をよく歩くんですが、春のころ歩きますと桜と緑が混じっております。非常に雅《みやび》やかな気持ちになるんです。なぜそういう春らしい気持ちになるかと言いますと、頭の底に、「柳さくらをこきまぜて」という歌があるからです。青と赤の混じり合った具合が緑でもいろんな緑があったりして錦のようであると。いちいちその和歌を思い出さなくても、その風景を見た時、昔の大宮人《おおみやびと》と共通する感情がわきあがってくるのですね。これが暗記しているものの特徴だと思うのです。

なぜ我々が桜を見て感激するかといいますと、我々は古くからの桜について歌われていた歌をたくさん知っているからでしょう。たとえば「久方の　ひかりのどけき　春の日に　しず心なく　花の散るらん」、この歌を覚えさせられた記憶がある。そしてその歌を今も思い出そうとすれば思い出せる人の頭の中には、桜を見た時には意識しない一種の感慨が流れるのですね。これがやはり記憶しているということの意味だと思います。こういった和歌を覚えている人が圧倒的に多い国を日本というと言ってもよろしいかと思います。外国人はそう美しいと思わないみたいですね。ただ日本に長くいる人なんかは日本人が花見なんかで騒ぐものですからそれに感化されているところがあるようですが。

また「蛙《かえる》」ですが、蛙を見たってどうということはありません。特にどろ蛙なんていうのは、いささかの感激を与えるものではありません。ところがもし我々がそのどろ蛙を散歩の時に公園の池のそばで見たとしましょう。小さな池みたいなところでもかまいません。そうしますと、我々はその時思い出さなくても頭の底には「古池や蛙《かわず》飛びこむ水の音」というのがあるわけです。どろ蛙を見ましても、何となく蛙の中に哲人的なるものを感じたりする。単なるうす気味の悪い、かっこうの悪い両生類というものを超えたものとして感ずるという感じ方を持つと思います。そうしますと、芭蕉の句を暗記した人と暗記しない人とはそのへんに跳んでいる蛙一つについても、またその蛙が人が来たので飛び込んだ時の自然に対する感じ方にも、いちいち芭蕉の句を思い出すわけではありませんが、その句を知らない人とは微妙に変わってくる。その総体としてその国民的な自然感というようなことができると思います。皆さん方も若いうちに覚えたものはいつまでも覚えているものですから、芭蕉の名俳句集とか、百人一首などでも覚えておきますと、覚える前と後では随分日本の風物を見た時の感じ方が違ってくると思います。

国際人とはどういう人か

国際人とはどういう人かといったら、自分の国の人たちからだけではなくて外国人と付き合っても尊敬される人、それが一番の資格ではないかと思うのです。国際的な会社と言いましたら、それは国内だけでなくて、国際的にも信用があって、そこの会社が振り出した手形ならどこでも通用する、現金のように通用する、という会社が国際的な会社だろうと思います。これは、個人にとっても同じだと思うのです。

どういう国の人が一番国際的かといったら、イギリス人とかアメリカ人を挙げてもよろしいかと思います。では、イギリス人やアメリカ人で我々が尊敬する人はどういう人かというと、これは徹底的にイギリス人的、徹底的にアメリカ人的であるという人です。

たとえば、チャーチル。チャーチルはどう考えてもイギリスのために、ヒトラーを滅ぼすために生まれてきたような人だと言えましょう。では、チャーチルは国際人じゃないかと言ったら、とんでもありません。チャーチルこそ、世界中をイギリスの味方につけるだけの手腕があったわけです。それこそ、これが国際人でなくて何が国際人かといったようなものですけれども、チャーチルの魅力は何かと言ったら、それは燃えるような自分の国に対する愛国心、それからイギリス人として尊敬される性格を持っていたことです。それがひいてはイギリスの中だけでなくて、世界でも尊敬されることになった、ということだと思います。

日本人も戦前はどうだったかというと、今よりは国際的に尊敬される人がおりました。たとえば、五千円のお札の顔になった新渡戸《にとべ》稲造《いなぞう》先生という方は、典型的な国際人でありました。そして、戦前の国際連盟のナンバー2、事務次長として高い尊敬を集めました。この方がなんと、『武士道』という本の著者なのです。そして日本の武士道というものを外国に知らせた人なのです。

戦前の日本で尊敬された人を数人挙げるとすれば、どうしても乃木希典《のぎまれすけ》大将と東郷平八郎元帥を挙げなければなりません。しかし、今の日本人も若い人は知る人ぞ知る人物になりました。乃木大将はどういう人かといえば、日露戦争で数万の兵の死傷も顧《かえり》みず旅順を落とした人です。ある面から見れば、こんなに多くの兵士を殺した人は少ない。東郷元帥はどういう人かというと、ロシアのバルチック艦隊を対馬《つしま》海峡でほとんど全滅させた海軍大将です。

どちらも今の物差しで言えば、大変な人殺しと言ってもいいかもしれません。それがなぜ、日露戦争以後、世界を回りました時に圧倒的な尊敬と歓迎を受けたのでしょうか。それは当時のロシアが東洋を征服しようとして、どんどん南下してきた。これは世界中が知っておったことです。それを打ち払うためにあらゆる苦難にも勝ち、犠牲を忍び、そして勝った人なのです。これほど日本のために戦った人はありません。

しかし、ひとたび戦闘が終わるや、乃木大将は旅順の敵だったステッセル将軍を非常に紳士的に扱いました。東郷元帥なども戦争をしていない時などは、温和そのものの人でありました。このことは、当時の外人記者たちもみな肠について知っておったわけです。ですから、ひとたび乃木大将や東郷元帥が外国を回りますと、どこでも圧倒的な歓迎を受けたわけであります。

それは日本人として、こんなに日本のためにやった人はない、しかも個人として立派であったからです。お二人とも若いころ、外国に行ったことはありましたけれども、会話が達者だったということはあまり聞いておりません。しかし、日本人として立派だったからこそ、ああいう人が自分の国にもいてもらいたいと皆が思った。よその国の人も思ったからこそ尊敬されたわけです。外国で尊敬される人ほど国際人はありません。

またこの国際人については、しばしば誤解を招きやすいのです。というのは、一つは国際人である資格は、外国人の身にもなってものを見ることができるという特徴があるわけです。決して外国人に歩調を合わせればいいというものでもないけれども、これがなければ、国際人の資格はありません。

たとえば、ヒトラー。彼は天才であり、偉大な人であったには違いありません。しかし、周囲の国の人やユダヤ人の身になってみたとは思われません。

日本の軍人たちも日露戦争のころまでは、今より国際的になる環境が少なかったという点もあったように思われるにもかかわらず、すぐれて国際的であったのは、その人たちはだれから見ても外国のことも考えておったということがよくわかるのです。乃木将軍は負けた敵を大切に扱いました。東郷元帥は自分が沈めた軍艦の敵の水兵たちを救い、これを丁重に扱ったということは、すべての人たちが知っておったわけです。これが一つの国際人の資格でありましょう。

商売をしてもただうまく立ち回るだけではちっとも国際的ではありません。ある意味において、戦後の日本の経済的復興が比較的早かったのは、戦前から日本の財閥と言われたような大きな会社は、契約を踏みにじるというようなことはなかったからと言ってもよろしいでありましょう。ですから、外国の実業家たちは日本の実業家は信用できると思っておったのです。

したがって戦後も、日本とはスムーズな取り引きが成立し、また国際的な契約をよく守る実業家がいたので日本は信用できるということで復活したわけです。もちろん、いんちきなものを売りつけてもうけた人もいるでしょう。そういう人たちは決して国際的ではありません。国際的に活躍しているようでありながら国際人ではありません。国際的というのは、決して小手先のことではありません。ほかの国の人が、あんな人が自分の国に欲しいと思うような人が、一番の国際人であります。

アジアの中の日本、その未来像

日本は明治以後、アジアの中にあってアジアの国とは違う選択を取り続けてきました。明治の初めごろに福沢諭吉《ふくざわゆきち》が「脱亜論」という論文を書いております。これはアジアから抜ける論であります。当時は欧米の文明が圧倒的に強力であって、それに適応しないでぐずぐずしている国が黒人の国、あるいは黄色人種の国、すなわちアジアの国といったような感じでありました。

ですから維新の元勲《げんくん》および明治の先覚者たちは、日本がいち早くアジア的なるものから脱して欧米的なるものに仲間入りする、このことが国の目的であると考えていました。そしてこれを断固としてやった国は戦前までは有色人種の中では日本しかありませんでした。

本当に欧米先進国と肩を並べているのは日本、その日本の後をついで、仲間入りした国が韓国、台湾、それからシンガポール、マレーシアなどであります。中国は台湾の発展を見て毛沢東の共産主義を捨て、近代化をすすめるようになったのです。他の国は欧米のほうに近づこうとは努力していますけれどもいつになったら近づけるのかわからない国も少なくありません。中国も非常に急速な進歩はしておりますけれども、まだ欧米あるいは日本などと比べて、今のところ沿岸部や特別の地域をのぞけば近代生活からはほど遠いといってもよろしいかと思います。しかし、我々は今までと違って脱亜論に安住することはできません。日本はどうしてもアジアの一国として、アジアを基盤にして世界とお付き合いするということに当然なると思います。しかも当然なるのみならず、その方向に世の中は動いていると言ってもよい。

と申すわけは、今、日本は国の大きさからいってカリフォルニア一州よりも小さく、モンタナ州一つぐらいの大きさであります。しかも山だらけ、天然資源もほとんどないという国でありながら、世界第二の経済圏を作り上げました。その日本の政策に密着した政策を取り続けて韓国、台湾というのが他のアジア諸国に先んじて際立った成長を遂げたのです。そして、エレクトロニクスのような最先端技術においては、ヨーロッパよりも部分的には越えたという評価さえも出ているのです。シンガポールは戦後に至るもイギリスの植民地でありまして、戦前の収入などはイギリス人の平均の何十分の一かだったと思うのですが、だいぶ前から平均収入でシンガポールの人々はイギリスを超えているはずです。

このようにして見ますと、戦後、世界の上昇機運を作ったのは明らかに日本とアメリカを両軸とした、いわゆる太平洋ベィスン（Pacific basin）といわれるもの、環太平洋地帯といわれるところではないかというのが一般の見方であります。それに少しおくれた中国が猛烈に追いつき追い越しつつあると言えましょう。

もちろんヨーロッパなどは過去の蓄積も厚く、脱落しているとはいえないのですけれども、少なくとも大変明るい成長性を示しているとは言いがたい。また、共産主義圏は全く破綻《はたん》してしまいました。

そうしますと、アメリカ、日本とそれを取り巻くミニ日本、ミニジャパンズといわれる国々、これが先《ま》ず走り出し、中国が共産主義を捨て、アジアが世界を引っ張っていく力になるのではなかろうかといわれているわけです。

韓国、台湾の成長、シンガポール、マレーシアが成功すれば当然その近くにあるインドネシアも奮い立ちます。フィリピンもそのうちそれにならうでありましょう。フィリピンについてもいろんな暗いことが言われておりますけれども、ある見方をすれば、暗殺事件があっても裁判が行われ、軍の首脳部が有罪になるというような民主的な手続きを持った国であるという意味では、むしろ希望があるという見方もあります。インドもまた部分的には極めて優れた技術を持っており中産階級が急速に拡大しつつあります。

このようにして見ますと、アジアというのは大変未来性が高い。しかも日本はその一番先を走っておっていろんな面で援助する、あるいはアドバイスしてきたという立場にありました。韓国や台湾の場合は、戦後の発展をリードしてきた人たちの多くが教育を受ける時期に日本の時代を経た人であり、文化的なギャップが比較的少なかったのです。しかしその他のかなり技術的に遅れているところでも、その土地にまず間に合うような技術の輸出というような形から進んでいけば、これは着実な進歩をすると思われます。今まで必ずしも援助などがうまく機能しなかった場合は、向こうの技術水準からかけ離れた技術を輸出したような場合が多いようであります。

たとえばだいぶ前に聞いた話によりますと、ガラスでありますが、日本のガラス工業はアメリカと並んで世界の最先端をいっております。しかし、その最先端のガラス技術は今のアジア諸国にはとりあえず関係がない国々もあります。それで今、ある国では自国で使うもの、たとえば電球を作る技術などを輸出すればその出先ですぐ使うマーケットがあるために、これは役立っているようであります。農業についても同じことであって、いろんな面でもっと落ち着いた形で一つ一つ水準を上げていく、このような努力がなされていくのではないでしょうか。

また日本の教育制度は極めて閉鎖的だと指摘されております。どのくらい閉鎖的かと言いますと、日本人として生まれ両親も、また両方の祖父母も日本人でありながらも、数年日本を留守にすると、日本に帰ってきてたちまち帰国子女の問題に直面しなければならないほどでありました。それは閉鎖的だと別に意識しなかったのでありますが、外から見ますとほとんど割り込むことができないような制度だったわけであります。

ところがこれも現在急に変わってきております。たとえば、専修学校というものが見直されて、専修学校のうちの専門学校は、今は短大とすべての意味で資格が同じように社会的に取り扱われるようになりつつあります。そうしますと、アジアの人なんかでも日本の今までの学校には日本の伝統が強くてなかなか割り込めなかったけれども、専修学校のようなわりと柔らかな、開かれた学校制度のところには留学することも多くなりましょう。専修学校には最先端なエレクトロニクスの技術、あるいはデザイン学校、コンピュータその他、何から何まで一番なところがあり、入学は難しくありません。このようなことが案外突破口になって学生交流、若い者の交流ということも盛んになるのではないでしょうか。そして若い者がどんどん日本に学びに来たり、遊びに来たりするようになる。それが将来の日本のアジアにおけるあるべき姿なのではないでしょうか。もっともこれが悪用されて外国人犯罪を増やしている面もあるようですが、防犯体制――指紋読取りパスポートなど――を効果的にすべきなのであって、交流をとめるべきではありません。

第四章　英語を学ぶ

高校時代にこそ本当の英語力をつけよう

私の恩師で、語学の天才だという人もおるし、また、ご自分もそう思っていらっしゃったように思われた外人に、ロゲンドルフ先生という方がいらっしゃいました。この方は一九八二年に亡くなられたのですが、ドイツ人でフランス語を学び、英語を学び、ロンドン大学の修士で、そのほかラテン語など、多くの言葉をマスターしておられました。日本に来られても、日本語が非常にお上手でした。

この先生が語学教育についても、日本人やご自分の体験などを観察されたり反省されたりして、おもしろいことを言っておられたのですが、その中で今でも心に残るのは、「語学というのは若いある時期に夢中にならなければ駄目だ」ということです。しかも「できればはたち前に」と先生はおっしゃっておられます。一定の期間でよろしいのですが、二〇歳前にある期間夢中にならなくては、その言葉をマスターすることはできない、とおっしゃっておられました。

どうも見ていますと、語学というのは毎日少しずつやって上手になるというようなことは、あまりありそうにないようなのです。私の周囲などでも、語学でものになった人などは、やはりある期間夢中になって、英語気違い・英キチとか言われたような期間を必ず若いころに持っていたように思います。

皆さん方も語学をマスターするには、高校時代のある時期は本当に英語に明け英語で暮れるような体験をお持ちになることをおすすめしたいのです。それは語学の本質上、二四時間頭から去らないような時期がないと、どうも最後のある点が突破できないような気がするのです。毎日少しずつやっていても同じようなことではないか、というのでもないと思うのです。チンタラチンタラ何年間やっても、いつになってもチンタラである。ところが、ある時期にガーンと夢中になると、氷が割れたといいますか、壁が開いたというか、そういう感じで、その言葉の中からわかったような気になることがあると思います。

たとえば、朝学校に行くとしましょう。朝起きたら必ず朝食の前、あるいは、登校時間の前に時間があればその時間、大きな声で読む。大きな声を出して読むということは、いろいろな意味で英語に近づける道だと思います。そして学校へ着くまでに、たとえば、ある文章を暗記する。あるいは英語のことわざを暗記する。短い文章ですから歩きながらもできますし、どんな込んでる電車の中でもできます。

実は、私も英語に夢中になった高校の時期に、英語のことわざを暗記しようとしたことがあります。私が持っていたある英語の本の巻末に一〇〇個の英語のことわざがついておりました。私はこれを一日五つぐらいは暗記できるのではなかろうかと思いました。一〇〇ですから一〇日で五〇、二〇日で一〇〇、ま、ひと月もあれば十分だろうと思ったのです。初めのうちは五つ覚えて、それをまた帰りの道で覚え返す。これはなかなか苦痛でありました。ところがやっていますと、あっという間に早くなって、二〇日どころか一週間ぐらい経《た》つか経たないかで一〇〇個全部覚えたという記憶があります。

偶然にもそれから間もないころ、高校の実力考査というのがありました。実力試験というので、教科書とは関係なく問題を出して、一番出来る者から二〇番ぐらいまで廊下に名前を貼り出す。これは、昔の旧制中学の系統を引いた高校ではよくそのようにして競争心をあおるためにやっておりました。そういう実力考査の試験問題に難しいことわざが混じっていたんです。たまたま私は暗記しておったので、何の苦もなくできて、後でよくできたなと先生に褒《ほ》められたことがありましたが、そういう経験が重なりますと、やはりこれは言葉に対する親近感がまるで違って、とても覚えられそうもない単語も、何ということはなしに頭に入っているということを発見したりするものです。

これはおそらく英語に限らず、ほとんどすべてのものにおいて一芸に達したという人は、比較的若い時期に、夢中になってのめり込んだ経験があるのではないでしょうか。毎日規則正しく少しずつやるということは、これはいいことです。しかしそれは一芸に達する道ではないと思うのです。数学などでも、やはりその道に達した人などは、朝から晩まで考えて、そのために下痢が起こるぐらいだなどと言っております。もちろん言葉の場合は、数学ほど抽象的ではありませんので、一所懸命やって下痢するような性質の集中ではありませんですけれど、とにかく浮かされたように英語なら英語を読む、それから暗記する、そして英語を自分の力で日本語に訳してみたりする。そしてまたそれを英語に戻すなどということを繰り返してみる。そうしますと、実に膨大な量の英語を書いたりしているんです。

そういうことは、ま、普通の英語の勉強、あるいは学期末の試験を通るだけでいいというなれ合いの英語から見ますととてつもない随分べらぼうなエネルギーを費やしたことになるのですね。しかし、ただただ学期末を無事にハードルを越えるように越えていくだけというのと、身につくという点では天地の差があります。我々が目指すのは、語学というのは決して何となくハードルを越えればいいとか、あるいは、ある受験の壁を越えればいいとか、というだけであっては不足だと思うのです。

これが二〇歳以後になると、どうも夢中になってもあまり効果が上がらないという厳しいところがあります。ある動物学者が書いた物を読んだのですが、ゴリラの赤ちゃんというのは、生まれてからすぐに目隠しをして六か月間おきますと、後で目隠しを取っても物が見えないそうです。それは、生まれてから六か月間ぐらいに光の刺激を受けて、目の奥の方に物が見えるような細胞が形成されていく。生まれてから六か月間全く光の刺激を与えないと、後でいくら見せようとしても駄目だと言われております。また、人間の赤ちゃんでも、生まれてから二週間以内にお母さんのおっぱいを飲みながら、お母さんの顔を見ないと、情緒に欠陥が生じる場合が非常に多くあって、後からいくらかわいがっても、なかなか取り戻せないという報告もなされております。

どうも人間には、ある時間をはずしてしまうと夢中になっても駄目だ、非効率だ、取り返しがつきにくいということがあるように思います。英語の場合、音というものは、非常に年と関係があるのです。ぎりぎり高校までぐらいに耳に入っていることが望ましい。それから文章の並べ方の感覚は、高校ぐらいまでに夢中にならないと身につかないものではないでしょうか。ですから高校時代に夢中になった三時間は、大人になってから英語の必要性を感じて夢中になる三〇時間、三〇〇時間よりも身につくものだと思ってよろしいのではないでしょうか。

英語学習の二面性を知ろう

語学というのは、私はいつも二種類の習得法があると思うのです。たとえて言えば、漢文を学ぶ場合とマレー語や韓国語を学ぶ場合の違いです。漢文というのは、今使われている中国語とは違うわけで、私は漢文を学ぶとすれば、大変実力のある日本人の漢学者につきたいと思います。ところが、マレー語だとか韓国語を学ぼうとするとすれば、これは、古典を読むつもりで学ぶのではないのですから、きれいなマレー語、きれいな韓国語を話す人に学びたいと思います。

ところが、英語を学ぼうとする場合は、あるいは、英語に限らず、旧制高校からあったようなドイツ語でもフランス語でも、いずれも似たような関係にありますが、そういうものを学ぼうとする時は、方法論的に難しさがあるのです。一つは旧制中学、旧制高校的に、特に旧制高校的に学ぼうというような場合は、正確に難しい本を読むということにきちっと焦点が合っていました。それはあたかも昔からの日本人が漢文を読むような態度で、しかも価値の確定したような本を読むというような形でした。英語でいえばシェークスピアを読むとか、あるいはジョンソンの本を読むとか、あるいはドイツでいえばゲーテを読むとか、フランスでいえばラシーヌを読むとか、その勉強の仕方が決まっているのですね。文法から入って正確に文脈をたどってというような、水ももらさぬ読み方をしたわけです。

日本人は漢文教育の長い伝統があったものですから、やり方がうまくて、たちまち上達して、これが明治以降の日本の文化の近代化に大きな役割を果たしたわけです。たとえば、文学の面でも、シェークスピアの全集をたちまち訳した——坪内逍遙《つぼうちしょうよう》が全訳を出した。そうしますと、劇の作り方から言葉の表現の仕方から、シェークスピアのいろいろな考え方やら、これらは皆、日本人の栄養になったわけです。ドイツ語でいえば、カントのような難しい哲学の全集の訳が出るとか——ゲーテなどは一〇回以上も全集が出たのではないかと思いますが——これも全部正確に訳そうという努力の結晶であり、それによって、ゲーテとか、新しいところではヘルマン・ヘッセとか、そういう人たちが日本人の精神的栄養になった。

ところが、戦後は急に多くの人が外人に接する機会が出来まして、今言ったような漢文型英語に近いようなことをやってきた者が、急にしゃべろうとしたってしゃべれないということがわかった。「何だ一〇年もやってきて、ちっとも役に立たないではないか」と腹を立てる人が出てきて、それが続いて今日に至っているわけです。これもまた十分な理由があることですし、特にお偉いさん方は、自分たちは語学ができたのだという信念を持っていたが、実際には役に立たないので、学校の英語は駄目じゃないかと怒り始めたわけです。

問題は、英語というものが二面性を持っているということを忘れたことから生じるわけです。我々が英語や西ヨーロッパの言葉を学ぶ時は、明治維新後の日本の近代化あるいは国際化という枠の中では、向こうの古典を読まないことにはお話にならなかった。正確に読むということは、向こうの人でもちゃんと勉強しなければ難しい本は正確に読めないわけで、そういう本を全く言語学的に関係のない言語に育った日本人が読もうというのですから、文法から入るのが一番確実で、それ以外の手はないと言ってもよかったわけです。何十年も向こうに住めば別でしょうが、しかし、何十年も向こうに住んでいても、きっちり勉強しなければ読めるものではないのです。

ところが、今言ったように戦後の世界は急に狭くなって、直接外人とコンタクトすることになった。

これにはマレー語習得型、韓国語習得型の訓練が入るわけです。それで、英語の場合は、この両面が要求されるということになります。ところが、両面を一緒にやるなどという便利な方法があればよいのだけれども、これは全く違ったプリンシプルなのです。話せる英語、耳で聞いてわかる英語は、まず第一に訓練が必要ですし、条件反射というかなり生物学的な要素もあります。我々が母国語を学ぶ時は、必ずそういう生物学的な反射機能で学んだところがあります。

そういう反射的な英語、会話英語をやっていて、本が読めるかというと、これはまず読めない。読めるようにはならない。これはアメリカなどにおいても、英語をしゃべれないアメリカ人は移民などの例外を除いていないわけですが、アメリカに育った普通の人たちでも、しゃべるのは十分できるけれども、ちゃんとした本はやはりきっちりやらないと読めないのです。

そこで、学校教育という目的に帰った場合、どちらに重きを置くかという問題になるわけです。私は、語学というのはしゃべれない、全然聞き取れないというのは、何もラテン語、ギリシア語の古典をやるのではないし、漢文をやるのではないから、これはやはりよくない。ですから、簡単な文章でもよいから本物の発音に慣れるということ、本物に近い音を出すという訓練をすること、これは、早い段階で、つまり、あまり年を取らないうちにやることは効果があるし、ぜひやってほしいものだと思います。その点、最近はテープその他の機械が発達したことはなによりも喜ばしいことだと思います。

ところが、それでよいかというと、それでよい人も世の中にはたくさんおります。外人と簡単な挨拶《あいさつ》ができるだけでよいのだ、小難《こむずか》しいことは通訳を頼んでもよいし、あるいは専門家に頼んでもよい、まあまあ、なあなあの話ができればよい、込み入った話はできなくてもよいのだという人、こういう人はそれでよろしい。ところが、志ある人——将来アメリカであるいはヨーロッパで勉強したいとか、向こうの本を読みたいとか、タイムやニューズウイークを毎週読みたいとか、自分の専門書を読みたいとか、外国で自分の書いたものを発表したいとか、国際会議に出たいとか、商社マンとして契約に関するようなことを議論したいとか、その辺のレベルに志を置いた人は、文法から逃げては絶対に駄目です。これについては何らの幻想を抱いてはなりません。

その方法は、文法家がやるような、例外を集めたような小難しいものである必要はありません。実際の場ではそんなものは気にしないほうがよいわけですが、文章の根幹となるような文法的知識と、非常に豊かな語彙《ごい》を身につけること——これは旧制度的なやり方ですが、非常に有効であります。ですから、今から英語をやる人は、昔の勉強プラス初歩の音に慣れる、この組み合わせをうまくすることがよろしいかと思います。

文法的なアプローチをやってみると、言葉の並べ方から発想の方法が、日本語と英語とでは随分違うということがひしひしと身にしみて感じられるでしょう。こうした体験がまた、人間の発想、我々の物事の考え方を柔軟にし、また、ひとりよがりにならない発想を促し、あるいは正確に物を言おうと思えば言える頭を作るのに非常に貴重な訓練にもなると思います。

終戦直後の話ですが、噂ですからどこまで信憑《しんぴょう》性があるかわかりませんが、ある大学にアメリカ兵が行ったときに、応対に出た英文学者と英語が通じないので、昔外交官をしたフランス文学の先生が出て話をしたなどという滑稽《こっけい》なこともありました。そんなことも、本を読む英語の価値を落とさせたような感じもあります。というようなことで、戦後は初歩の会話でもできる人が非常に少なかったために、商社などでは入社試験に会話その他語学の実技試験を採用したところもあります。ところが、そういう人を採用して長く使ってみた結果わかったことは、入社試験の段階における初歩の会話などはあまり考慮するには及ばないということでした。ちゃんとした文法的な長い文章を読む力、あるいは、きちんとした英作文を書く力のある人のほうが、会社に入ってから伸びる。というのは、日本の商社のような国際関係の密なところにあっては、研修のためにそういう社員を海外に送ることはちっとも難しくありません。そういうところで、行く前に会話の集中訓練をやってから外国へ出す。そうすると、基礎が出来ている人は、かなりすばやく適応するのです。そして、文法の基礎がある場合は、くわしい契約書なども丁寧に読めば、意味を正確に把握《はあく》することができるのです。基礎的なプロセスを経てない人は、挨拶はうまいかもしれませんが、いつまでたっても契約書だとか、実際に今問題になっていることの事態の正確な文章、文献を読むことができないということで、結局伸びないのです。ということもあって、一番語学を使うような分野の会社などにおいても、英文解釈的、あるいは和文英訳的なオーソドックスな力の高さが評価される時代になったということも参考のために言っておきましょう。

実用と教養の二面性を認識しよう

英語を学ぶ場合、昔は教科書をよく勉強するというのが中心でありました。それが最近では、まず話せなければいけないということになっております。英語はもちろん読み・書き・話すこと、全部できればそれにこしたことはありません。

ただ、英語というものは、日本人にとって特別な意味があります。というのは、我々が英語を学ぶ時、英語の二つの顔と付き合わなければならないということなのです。

一つは、実用語すなわち国際語としての英語です。これは世界のどこへ行っても英語を使えば大体旅行できるとかいうような便利さ。こういうような実用価値――すぐコミュニケーションができるという学び方は、我々が韓国語を学ぶ場合と大変似ているのではないかと思います。我々が韓国語を学ぶ場合は、きちっと韓国語の発音ができる人、できるならば本場の韓国人の教養ある人に習って、すぐ韓国語会話というものができるという入り方です。これが、一つの外国語の入り方の正統として、このごろ人は疑いません。

ところが、我々の先祖たちが漢文を学んだ時は、そういうアプローチはとりませんでした。日本人のうちのほんの十数人か、それぐらい、決して一〇〇人にはならなかっただろうと思われる数の人が、遣唐使として行って帰ってきました。この人たちはある程度の会話はできたでありましょう。

しかし、応神天皇の御代から幕末に至るまで日本人が一生懸命勉強して、ついに漢学の研究においては、当時の清国を超えたと言われるような人が江戸時代にありました。また、平安朝の人、天神様として有名な菅原道真は漢詩を作ることにおいても、当時の唐の詩人にそれほど劣ってはいなかったとさえ言われております。

こういう人たちが漢語会話すなわち、シナ語会話ができたかといえば、これはできなかったと言ってもよろしいのです。しかし、心を静め、精神を集中して、一つ一つ読み解いていきました。そして漢文の古典のみならず、漢文に訳されたサンスクリットのお経までも正確に読みほどいていったわけです。

そのプロセスにおいて、日本人の頭が大いに鍛えられ、また注意力も集中し、あらゆる文化を消化し、かつ自らの中でそれを作っていくだけの力をつけたのだということは疑う余地がありません。こういうのも、一つの語学の勉強の仕方なのです。我々の先祖が、漢学に対して、また漢文というものに対してやった勉強の仕方がそうでありました。

ところが、英語というものには、我々が接する場合、西洋の文化の内容を全部包括しているという面があります。ですから、我々が英語を勉強する場合は、日常に役立つことのほかに、漢文的な教養というアプローチの仕方が必要なのです。この面がどうしても出てくるのです。これは、何も日本に限ったことではなくて、西洋でもそうなのです。

つい第二次大戦の終わりまで、ドイツの有名なギムナジウム（高等学校に相当します）、それからフランスのリセだとか、イギリスのパブリックスクールで何をやっていたかと言いますと、エネルギーのほとんどをギリシア語だとかラテン語を読むことに費やしていたわけです。それはちょうど、我々の先祖が漢文を読んだのと同じでありました。

だれもギリシア語会話やイタリア語会話をやるためという意図ではなくて、古典を読みほぐすためでした。それによってギリシアの賢人、ローマの英雄たちの思想をすみずみまで、細かに追うことを勉強したのです。それをやっているうちに、ゲルマン民族と言われた野蛮人が、気がついてみたら西洋文化の中心になっていた——というのが、大ざっぱな流れと言ってよろしいかと思います。

ヨーロッパの場合は、ギリシア語・ラテン語対現代ギリシア語・現代イタリア語という区別がはっきりしますけれども、今、日本人が英語を見た場合はその区別がなくて、同じ英語という顔をしながら、すぐ使うために習う言葉としての英語と、西洋のあらゆる文化、思想、文学、それを包んだ入れ物としての英語という二つのアプローチがあります。

私はどちらかと言えば、学校というところでは、古典の伝承ということが重要だと思うのです。学校というのは、まさに、そのためにできたようなものであって、西洋においてもつい最近まで、全部古典教育だけと言ってもいいぐらいのものでありました。それによってニュートンも出ましたし、アインシュタインも出たのです。ところが、それをはずしてから、何か、西洋人の質がよくなったとはどうしても思えないような感じがするのです。

日本は明治維新の時に、あるいはこの前の敗戦によって、漢文を大幅に捨てました。そして今は英語だけと言ってもよろしいのです。ただ、英語のほうはアプローチの仕方から言い、読書力の正確さを求める点から言い、これは、昔の漢文、西洋のギリシア、ラテン語の勉強と似ていたのではなかろうか。そうしますと、今、先進国と言われる国で古典語教育を本気でやっているところは、ほとんど日本のみと言っていいのではないかと思います。全体として日本人が何となく優秀だと言われたのも、案外その辺にあるのではないかと思われるのであります。

みなさん方も会話をするのもいいし、機会があったら外国に学びに行くのもよろしいでしょう。特に発音なんかでは外国人に接するのは、大変会話能力を増します。しかし、それは目的の一端であって、英語の一つの顔と付き合うだけのことであって、もう一つの顔、かつてわれわれの先祖が漢文を読んだような付き合い方を抜くと、本当の学校の語学教育というのは骨抜きになるんだということは忘れないでほしいと思います。

そして、実際こちらのほうが弱い人は、正直なことを言って、知的分野では使いものになりません。向こうの大学を出たり、会話なんかも外人と間違うほどうまい人がやった翻訳を見て、これぐらいしかわかっていなかったのかと、その誤訳の多さに啞然としたことが何度かあります。考えてみれば、日本でも、日本語をいくらペラペラしゃべれる日本人でも、本に書いてあることがわかるとは限らない。頭の鍛練をするためには、古典的な内容のあるものを古典的なアプローチでやること、これが文明というものを作った国の知恵だったのではないかと思っている次第です。

辞書を引く楽しみ——そこにはドラマがある

私が辞書を引く楽しみを最初に覚えたのは、英語の辞書ではなくて、小学校のころ、漢和の辞書なんです。楽しくて楽しくて、飽きることがなかった。

それから、塩谷温《しおのやおん》先生の『新字鑑』という枕みたいな厚い辞書を最初手にした時は、もう感激のあまりじっとしておれなくて、写し始めたことがあるんです。一週間ぐらい夢中になって写したら、目が痛くなってやめましたがね。

辞書というものに対してすべての人がこんなふうになるとは思いませんが、これは、将来語学が本職になる下地があったのでしょうが、辞書にはそういうふうに、ある種の人間を狂的な行為にかりたてるほどの魅力があるものです。

のち、私は、漢文から英語の辞書を扱うようになりましたが、辞書というものは、引いて眺めたり、あるいは、説明のやり方などを見ていますと、誠に飽きないものがありますね。英語の辞書なんか一番個性を出しにくいものの一つだと思うんですが、それでも個性があります。

一つの挿話を述べますと、以前、governability（ガバナビリティ）という言葉が流行語になったことがあります。この語を当時の日本のすべてのジャーナリズムは「指導力」と訳しておりました。ところが、本当は「指導力」ではなくて、「指導される能力」なんです。

たとえば、狼と犬を並べた時に、狼のほうは馴らすことができないので、これは、governability がないのですね。犬は人間が馴らすことができるので、犬には governability がある。ですから、意味が受け身のほうなんですね。

それを、「指導力」という能動のほうにとっている。日本人が間違っておったんですね。私はたまたまその点について『文藝春秋』に書いたことがありますが、私はこの語を日本の辞書でずらりと当たってみましたら、その当時出ている辞書で、governability がはっきり受け身の意味でとれる訳を与えた辞書は一つもなかった。

ところが、戦前のものの中にちゃんと使い分けており、governability を「従順」とまで訳しているものがあります。これには、たまげましたね。冨山房の『大英和』という辞書なんですが、これを作った人は、個人で二十何年かかって作った。で、何をもとにして作ったかというと、いろいろ私は当て推量したんですけれども、これはオックスフォード・イングリッシュ・ディクショナリー（＝OED）という世界一大きな英語辞典を、丁寧に読んで、しかもその訳語のみならず、例文まで読んで訳を考えたとしか思えない。governability に「従順」という訳を与えている辞書は、当時の西洋でも見当たらない。ただ一つ見当たると思われるのは、OEDに挙がっている例文に、そう言えるところがあるんです。

そういうわけで、この『大英和』を作った人は本当にいろいろ考えた末に、「従順」という訳を governability に与えたというので、シャッポを脱ぐような感じなんです。

まあ、こういうのはたまにぶち当たるドラマでありますけれども、安っぽい辞書は、すでに出ている辞書をいい加減にノリとハサミの細工で、つぎはり、つぎたしして作るとも言われております。しかし、良心的な辞書もあって、丁寧に読むと今のような姿が浮かび上がってくるということもあるものです。

辞書の引き方、使い方

我々が学生のころは、辞書を引くのを嫌がってはいけない――これは正論ですが――それに、辞書を引くのが速くなきゃいけない、ということになっていました。当時『明解英和辞典』というのがありまして、これはコンサイスより一つ下のものですが、片手で持って、どんな単語でも二～三秒で引いてみせるという訓練をした覚えがあります。そうなると辞書を引いているのか、勉強しているのかわからなくなりましてね。辞書を引くのをいっさい嫌がらないという人間を作った功績は大きいけれども、英語学習としての能率からいうと、ちょっと考えざるを得ないところがあります。

ところが、三〇年以上教師をして見てますと、やはり辞書を引くのを嫌がらない学生しか、できるようにはならないですね。しかし、辞書マニアみたいな人になることは、手ばなしではすすめられません。英語の専門家になるならどんな莫大な時間を使っても惜しくないわけですが、それ以外の志望の人は他の学科もありますから、辞書を引かなくてもわかる単語を多くするのが、一つの大変効果的な勉強法でしょう。

これは単語を増やすこととも関係がありますが、まず辞書を引く前に、その単語を考えてみることですね、こういう意味ではなかろうかと。引く単語がうんと少ないと、引いても覚える効率がうんとよくなります。これはまあ、数学や物理みたいに、カッチリ法則で言うことはできないと思いますが、ま、感じから言いますと、〝引く単語の数と反比例して単語が記憶によく残る〟と思います。引く単語がどんどん少なくなって、一ページに一つ二つぐらいだと、引いた場合に非常に頭に残るものです。一ページで一〇も二〇も引くと、もう頭に残らなくなります。

ですから、最初は何が何でも単語をたくさん覚えるというプロセスがあるべきです。それから、単語を引く場合は、心を静めて、まあ、入学試験にでも出された気持ちでそのテキストをゆっくり読んでみて、こうではないか、ああではないかとゆっくり考える時間を持ってから、しかる後に単語を引きますと頭に残るし、引かなくても思い出したりなんかして、引かなくてすむ単語も出てくるだろうと思います。

しばしば単語を引くのがマニアになりますとね、もうとにかく引いてないと気持ちが悪いという、ノイローゼみたいになりますからね。かといって逆に、全然引かないという人もいますが、これは見込みありません。こういう人たちはね、マニアっていうか、強迫観念ですね。辞書を引いてないと気がすまないという強迫観念と、引くのは全くいやだという、引きたくないほうの強迫観念と、その間に正しい道があるのだと思います。

前に漢文の大家の吉川幸次郎《よしかわこうじろう》先生が言っておられましたけれども、「漢文というものを読む時には辞書を引くな」と先生は教えたというんですね。「読書百遍　意　自ら通ずる」ということですね。何度も読みなさい、そうすると漢字というものは大体意味がわかってくるもので、それが正しい理解であるという趣旨のことを言っておられます。これは、漢字というのは象形文字であって、眺めていればなんとなくわかってくるという要素があると思います。英語は象形文字でないので、必ずしも「読書百遍　意　自ら通ずる」とは言い難いのですが、あまりにもすぐに辞書にとびつくというのが、逆に英語をやる人には多すぎるのではないでしょうか。

読書百遍まではいかないまでも、読書三遍か五遍ぐらいしてから辞書を引く。そして引いたら、自分が頭の中でいろいろ想定してみた訳になるかならないか、そして当たったというような喜びが重なれば、それは非常な実力の向上を意味しているわけです。

ただ、そんなことができるためには、前にも申しましたように、一ページに知らない単語が多すぎるのでは話になりませんので、初めから辞書引きには入らないほうがよろしいと思います。最初は、注なり何なりで大体わかるでしょう。ある程度慣れてきたら、それと並行して単語を覚えていく。その上で、やや難しい単語、あるいは長い文章で一つか二つ知らない単語があったらいろいろ考えてみて当てる、というような要素を入れて辞書を引く、こういう心得が必要だろうと思います。

生徒の悩みとして、何回引いても忘れる。頭が悪いのではないかと思い込んだり、それを苦にして悩むということがあるのですが、そう思わないで英語がうまくなった人はいないですね。大体ぼくらがやった時はですね、同じ単語を二〇回ぐらい引けばいいだろうということでした。同じ単語といっても、goとかgetとか熟語がうんと多いものではなくて、普通の単語ですが、辞書で二〇回ぐらいは引いて、それでも頭に残らなきゃ駄目だろうというようなことを言われたものです。ですから、忘れるというのは、それは気にしないでやったらいいと思いますね。将来英語を職業にするという人なら、やや時間を無駄使いしても意味があります。しかしそうでない人は、やはり同時に辞書をそんなに引かなくてもすむように、単語暗記というのを、別にやっていく必要があると思います。特に、学校とか講座に出てきたような単語は、そのための単語表を作って、繰り返し覚えますと、これは非常に効果的な覚え方になります。

使う辞書については、私の感じから言うと、あまり初級の辞書は役に立たないものですね。というのは、初級の時代は、辞書がいらないんですよ。大体索引がついたり、注としてついておったり、それほど引くことはない。だから、辞書を引かなきゃならないような単語を引くには、ちょっとした厚さのある辞書のほうがよいと思う。大辞典というのは大変手間ですから、これは別として、今の日本では、普通のかばんに入るような判で、七〜八万から一〇万ぐらいの単語が入っていて、しかも、わりと文法的な説明もある辞書が数点出ていますので、それを初めから使うのがよいでしょう。そういう大学まで行っても使えるようなのを一冊持って、あとそれ以外の半分趣味的に引く大辞典を一つ買っておいたほうがいいんじゃないかと思います。たとえば、語源なんかに興味があったら、ふつう持っている辞書には出ていないですし、それを要求すべきことでもないのです。ひょっとして語源なんか引いてみたいなあというような単語が出てきた場合、それを引けるような語源付きの大辞典があったほうがよいでしょう。これは一年に何回か引けばいいというぐらいの感じで持っていると、心頼みにしていいんじゃないかと思います。

完璧主義は求めるな——単語の覚え方①

キリストの言葉に「貧しき者は奪われ、富める者は与えられん」というような主旨の言葉があるんですよ。これは逆なことではあるまいかと思うわけですが、確かに人生を見ますと、それがいい悪いは別として、富める者はますます与えられ、貧しき者はますます奪われるというのが真相に見えるところがありますね。単語もそうで、ある程度増えた人はますます増え、少ししか覚えていない者はますます忘れるということがあります。だから、何が何でも、ある程度たくさん増やさないと忘れるほうが早くなるんですね。単語の覚え方もいろいろな段階があったり、いろいろな手がありますけども、まず最初は、たくさん覚えることから始めるより仕方がないと思います。

たくさん覚える場合は、とにかく人間というものは大変忘れる動物なんだから、忘れることを前提として覚え始めなければいけない。単語を強くしようと思ったら、若い人なら一日五〇個は覚えられると思うのです。五〇個を覚えることを自分に課する。そして、その発音、スペリングをやる。そうしますと、翌日までに半分忘れたとしましても、二五個残るわけです。だから、忘れた分があってもかまわずにどんどこどんどこ毎日新しい単語を五〇個ずつ覚えていく。そうすると一〇日たてば五〇〇、一〇〇日たてば五〇〇〇になるわけです。ま、五〇〇〇あれば立派なもので、あとは別の方法で増やす段階だと思うのです。

見てわかる単語が五〇〇〇ということは、これは一応一人前以上ですからね（basic Englishというのは八五〇語ですから）。そうしたら、また元に戻るのですね。そうすると、おそらく半分以上忘れているかもしれない。で、また今度五〇個ずつ覚え直す。今度は忘れる率は、前に二五個ずつ忘れていったものが、今度は一〇個しか忘れないとか、そういうことをやるべきだと思うのです。

完全に覚えたってすぐ忘れるものですから、忘れることは始めから覚悟の上で、半分あるいは六割ぐらいは翌日になれば忘れてしまうのだと考えておく。それにもめげずに新しいのを覚えていく。残った部分だけ数えたってですね、ま、五〇個覚えたとして記憶力の悪い人で八割忘れたとしても一〇個残るわけです。一〇個だって一〇〇日やっていれば一〇〇〇個ですよ。一年やったら三〇〇〇個ぐらいですから、これは立派なものです。ですから、単語の覚え始めは完璧主義を求めないこと。忘れることを組み入れるべし。そして残っただけ数えて満足すべしです。だから、一日に一〇〇個ずつ覚えたっていいのです。一〇〇個ずつ覚えて八〇パーセント忘れたって二〇個完全に覚えていればいいのです。二〇個完全に覚えたって翌日になれば五個ぐらいは忘れていますよ。

というようなことで、初めに覚える時は完璧主義を求めず、どんどん、どんどん進んで、ある程度たまるまでやるべきだと思います。これをやりますと、人にもよりますが、二、三か月やりますと見違えるように強くなると思います。そうしましたら今度は、覚えた単語を系統づけると頭に残ります。

覚えていない単語を系統づけようとしても、これはそもそもがあやふやなのですから、系統づけようとしても駄目なのです。ある程度増えた単語の中で、それをちょっと変えると動詞になるだとか——たとえばcultureというのがある。これは「文化」である。それから「耕す」という意味もあるらしい。これにagri-がつくと「農業」になるとかね。ということで、ある程度覚えてからなら意味があるのです。そのようにして組み合わせると、今度は覚えたことを分析的に理解するわけですから、思い出すにしても何にしても忘れにくくなります。そして、結びつきがあってある程度まで進みますと、見たことのない単語でも、初めて見る単語でも、構成要素がわかっているので見当がつくということになります。

実際、外人だって我々だって、多くの場合見たことのない単語でも、大体こんなことだろうと思って読んでいって、それが大体当たるわけです。我々が日本の新聞を読む時だって、知らない漢字が組み合わさっていても、だいたい見当がつくという場合が多いように思います。これが高校生段階のやり方であって、単語の数がう～んと多いということは、これは即座に解釈力につながります。

熟語は短文で覚えよう――単語の覚え方②

いくつかの忘れやすい単語、あるいは使い方がおぼろげな単語でも、もし、幸せにしてその人が外人と付き合う場がありましたら、外人があの場所ではこういう単語を使っておったなあという経験がありますと、そういう単語は非常に忘れにくいものです。記憶に残りやすいので、その意味において外人なんかとおぼつかない会話をやっても、やっただけのことはあると思います。

たとえば、私なんかでもですね、高校のころでしたか、He is very particular about such a thing. というようなものがあったんですね。その particular という発音が particular と耳についているわけですね。particular というのは、「特殊だ」とか「特別だ」とかいろいろ意味がありますけど、その時の使い方で particular というのは、「えらく口やかましい」とか「うるさい」とか「めんどうだ」とかいう意味があるということをね、かなりparticularの意味としては難しいほうの意味だと思いますけど、最初からピッと耳に焼きついたような感じになったことがありました。

その意味で、現場で使われている単語を耳から聞くと、非常に強く印象づけられるものです。ま、それほど強い印象ではないにしろ、今度はいろいろな文章の中で使われているのを見ると、これはまた単語だけで覚えた時とは違った印象があります。こういうような段階でたくさん覚えたら、本格的なvocabulary buildingに入るのもいいと思いますが、高校段階では本格的なvocabulary buildingまでは、まだ行く必要はないのではないかと思います。

基本語で、たとえばgetだとかgoだとか、この単語の意味を一つも知らないという人はまずいないと思うのです。しかし、これをすべて知っている人もだれもいないと思うのです。また、普通の高校生段階まで、あるいは、大学入試段階までに出てくる使い方というのは、そう無茶に多くはないので、それは基本語を基にした熟語を例文によって覚えるのがいいと思います。

その場合、例文の訳を見て元の英語を言えるというのが一番いいと思います。たとえば、「明かりを消しなさい」というのを文章にして、そしてそれを暗記するというような非常にsimpleな文章を見て英語で言えるようにする。これが一番よろしいのではないかと思います。

基本語を基にした熟語などは熟語として覚えていても、いざとなると訳なんか出てこなかったりすることが多いので、短文によって覚えること。文章が短いほど結構だと思いますが、そういうのは無限にあるのではないですから、そういうのを五〇個か一〇〇個まとめてやったらよろしいのではないかと思います。

発音はやはり発音記号を見て覚えたりするのですけど、これはやはり錯覚を起こしやすいので、先生の正しい発音を教室でキッチリ覚えるのが一番簡単だと思いますね。発音は何といっても耳の問題ですので、指導者がカチッとその発音が耳に残るように、発音してくれれば一番有難いですね。ですから非常に難しい発音でも、最初外人、つまりnative speakerなどが話しているのをその場で耳にしたことというのは、本当に焼きつくように残るのです。particularのアクセントがどこにあるのか、私は五〇年以上前から迷ったことがないのです。最初聞いた時にvery particularのticularだけが強く印象にあるのですよ。するとアクセントがtiのところにあるのをもう考える必要がないですね。これがもし発音記号で覚えたらparのところだったかな、などと考えると思いますが、耳で覚えますと考える余地がないですね。発音は考える余地のない覚え方をするのが一番正しいし、咄嗟《とっさ》の場合でも出てくるように生物反応として身につける必要があると思います。

入試用ということで言いますと、同じスペリングでも、その発音のアクセントが後に来ると動詞になるとか、そういう英語がいくつかあります。そういうのはまとめて覚えておくほうが受験対策としては効果的ですね。しかしただ、それは受験対策として効果的なだけでありますから、本当はそれを口で繰り返して使えるようなところまで高めておく必要があります。当面の対策としては、それはおそらくしかるべき参考書などにはまとめて書いてあると思いますので、それはまとめて覚えておく。動詞は後、名詞は前と、これはアクセントの大体の法則でありますから、そういうのはいくつか覚えておくといざという時のたしになると思います。

暗記のすすめ――
好きな歌でもいい、その歌詞を全部覚えよう

昔の中学には漢文の先生がおりました。近ごろは漢文はあまり重視されませんが、我々の世代のころまでは、漢文の先生というと一種の風格を持っている人が多かったように思います。なぜ漢文の先生は漢文の先生みたいな格好になるのか。格好という言葉はおかしいですが、なぜそういうような雰囲気を持つのか。これはあとで考えてみると、漢文の先生たちは暗記している名文句が多かったからだと思います。漢文の先生ともなれば、『論語』のさわりの多くは覚えていらっしゃると思います。たとえば時の流れを感ずるときは「逝《ゆ》く者《もの》は斯《かく》の如《ごと》きかな。昼夜を舎《お》かず」なんてこともすぐ思い出すと思います。時間に対する一種の感懐がある。それから孔子の言葉で「友あり遠方より来る」なんてありますから、お客さんが来た時もやはり迎え方がどこか違ってくる。それらが積み重なりますと、漢文の先生らしい風格が出るのだと思うのです。

それに対して英語の先生は、英語の紳士らしい風格を持ったかといいますと、私の知っている限りありませんでした。というのは、ふつう英語の先生というのはそう英詩を暗記しているわけでもないんですね。ただ、私はイギリス人らしい風格を持っている先生にお会いしました。それは老人の方で、いつも私の話に出てくる佐藤順太先生であります。この先生はやはり英語の名文句などをよく覚えていらっしゃいました。先生ご自身が英語をよく読んでいらっしゃることもあり、単に英語の教科書を読んで教える先生ではなくて、英文学とか、文学に限らず英語の立派な思想的な書物などもとっくり考えてお読みになっておられますので、名文句が何となく頭に入っておられた。そして、英語の単語でもこういう時にはこう言うんだというような言い方を的確に知っておられたんですね。的確にある事情を指せる英語の単語を知っていること、たとえば、粗野でない穏やかな立ち振る舞いをgentleと言うんだとか、そういう簡単なことでもよろしいわけですが、いかにも英語らしいという言葉があるわけで、そういうのを的確に指せる先生でした。やはりそういう先生ですと風格が出るものですね。

暗記力というのは、しばしば「暗記物だけではいかん」というような短絡した意味で軽《けい》蔑《べつ》されることもあります。すぐ忘れてしまうようなことを試験の前にパッと覚えるだけの暗記力を軽蔑すると言いましょうか、それだけを重んじないという意味はわかりますけれども、覚えるべきものを覚えるということは大変重要なのです。

それで私はみなさん方におすすめしたいのは、和歌や俳句を覚えることはもちろんよろしいんですけれども、皆さん方が好きな歌でもよいと思うんです。流行歌でもかまいません。しかし、流行歌でも好きな歌があったらぜひ歌詞を全部覚えてほしいのです。どうせ歌うんなら三番まであったら三番までかっちり歌えるようにやってみてください。歌謡曲であれ歌であれ、歌詞は一種の詩でありますから、それを間違いなしに何番まで言えるということは頭の訓練なのですね。そういう歌をぴっちり歌えている人が耄碌《もうろく》するということはありません。

また暗記力というものは一種の筋肉を鍛えるのと似ていて、そういう歌を終わりまできっちり覚える人は、重要なことを正確に覚える能力を持つことにつらなるんですね。逆に言えば、物事を正確に覚える能力のある人が歌を何番も正確に歌う。こういう状況を私は何度か見たことがあります。私の尊敬する編集者とか、そういう人たちがカラオケで、あるいはパーティなんかで歌うと、三番ぐらいまできっちり歌える人というのが何人かおります。この人たちは例外なくいずれも知能力の際立って優れた人たちです。優れているから歌まで暗記できるということは、逆に解しますと、いつも歌うような歌もいい加減で歌わないで、三番まできっちり歌詞を覚えるという努力は逆に頭を良くするということにもなると思います。

そしてまたこういうこともあります。リヒテルというロシアのすばらしいピアニストがおりました。切符が買えなくて大騒ぎするぐらいの偉い人でした。ところがある時、リヒテルの演奏会に行ったらリヒテルが楽譜を見て演奏した。それでみんなが愕然としたことがあります。その後まもなく彼は弾《ひ》けなくなったと思うのですが、やはり、プロが楽譜を見なければならないところまで能力が下がったということなんです。

皆さん方も単に好きな歌をいい加減に口ずさむのではなく、いつも歌う歌を正確に歌うように心がけてみたらどうでしょうか。何となく二番と三番と一番をごちゃごちゃにしたような歌い方をするというような情けないことではなくて、かっちり歌えるようにする。初めは歌詞を覚えにくいことがあるかもしれませんけれども、そういう時は一回や二回ぐらいは机に向かってちゃんと書けるようになっているかどうか確かめるぐらいの努力をしますと、これは知能力自体のキャパシティ（capacity）を大きくすることにつらなるものだと思います。

英語の苦手な人へ――
「断固やる」決意と実行を!!

初めから英語の得意な人、できる人が英語の不得意な人にアドバイスする場合、そんなアドバイス聞いたってしょうがないや、という声もあるかもしれません。これはちょうど、生まれてから病気したことのない人のアドバイスを、体の弱い人が聞いたってはじまらないのと同じであります。ところがその点において、幸か不幸か、私はアドバイスする資格があるのです。

それは中学一年の時でしたが、もちろん英語の時間がありました。その時にteacher（先生）だとかpupil（生徒）だとか、いろいろ出てきたわけでありますが、当時の私は非常に幼くて、そんなスペリングが覚えられるもんだとは思っていなかったのです。当然そんなものは試験に出るわけがないと思っておったんです。ところが、一年の一学期の試験にはteacherとかpupilだとか、あるいはschool（学校）だとかのスペリングがもちろん出たのです。私は全くどれもできませんでした。それで、一年一学期の通信簿にたった一つ英語のところだけ〝赤ざぶとん〟というのをもらいました。それは落第点の下に赤い線がついていたので、我々は〝赤ざぶとん〟と言って恐れていたわけです。それが三つあると、落第すると言われておりました。

ですから私は、最初の英語の試験は〝赤ざぶとん〟だったという全く名誉にならない経験を持っております。ところが、私は英語自体はできるようになりたいと思っておったし、できなかったにもかかわらず、これはほってはおけないという気がしたわけです。それでどうしたかと言いますと、これはやらなきゃいかんと、思い切ってスペリングを覚え始めたんです。断固全部覚えてやろうと一所懸命やりました。そのうちだんだん要領がわかってきて、スペリングが何となくできるようになったんですね。

それから英作文もよくやりました。戦前の旧制中学の英作文というのは、かなりのことをやったのでありますが、これも毎朝一所懸命覚えました。ところがこれはなかなかできるようになりません。初めから特別な才能があったとは思われません。とにかく一学期に〝赤ざぶとん〟をもらっていますから、二学期に〝赤ざぶとん〟をもらったら、三学期にがんばってもしょうがない。これはひょっとしたら落第かもしれないという恐れがありました。旧制中学というのは、遠慮なく落第させるという恐ろしいところでありました。それでとにかく毎朝学校へ行く前に、英作文の練習を自分で一所懸命やったわけです。そんなことを夏休みもやり、秋から冬にかけて三か月ぐらい絶えずやっておったわけです。ところがおもしろいことに、そういったようなことをやっているうちに基本的なこと、英文法がちゃんとできるようになったんですね。それで二学期はわりと良くて、三学期はうんとよくて、一学期に〝赤ざぶとん〟だったにもかかわらず、二年生に無事進級することができたという経験があります。

そこで私が得た教訓というのは、一見、英語のあんなスペリングなどはとても覚えられそうもないと思ってたのを、〝断固〟腹を決め、やっていきますと覚えられるものであるということ。それから、英語を間違わないで並べるなんてことは、とてもできそうもないと思っていたのでしたけど、それも基本の文法を頭に入れて、少しずつ練習やって、自分で並べて、そしてチェックしていきますと、いつの間にかちゃんと文法に従って並ぶものであるという発見をしました。それは学校の成績が少し上がって、〝赤ざぶとん〟を免れたということとは、比較にならない教訓を私に与えたように思います。それは〝断固〟やるというところが重要だと思います。冷たい水でも恐る恐る入ろうとすると、冷たくて冷たくてしょうがありませんが、断固入ると入れるというのと似ているかもしれません。

これは英語に限らず数学だってそうだと思いますが、私もやはり戦争中さぼりまして、数学が抜けてしまいました。軍隊の学校を受ける人たちはよくやっておったんですが、こちらは受ける気はなかった。目が悪くて受けられそうもなかったのでその受験に必要な数学をやらなかったために、随分差がつきました。ところが戦争が終わってから、これはこのままじゃいかんなと思って〝断固〟やろうと、当時の岩切晴二氏の『代数』というのを、第一巻の一ページから一つ一つやっておったところ、何ということなくそのうちできるようになりました。

英語が不得意だという人、学校でもなかなか先生の言っていることがわからないという人、文法と言ってもチンプンカンプンだという人も、それはわからない頭だとか、才能がないということじゃなくて、〝断固〟やったことがないだけの人なんじゃないかと思います。

ですから、英語が不得意な人は、まず中学一年生の単語からやってみてください。さすがに中学一年生ぐらいの単語はよく書けるでしょう。その調子で、中学三年までのものもちゃんと書けるようになる。これは〝断固〟やれば半月ぐらいで十分できるようになると思います。中学の英単語を全部かっちり間違わずに書けるようになること。それから中学一年生から三年生までの文法、これは大したことを教えてるわけではありません。これも〝断固〟初めからやりまして、中学校の教科書の練習問題、文法問題などを全部やってみるのです。中学校のレッスン1とか2などは、勉強していない人でも高校生ならできると思います。

レッスン3、レッスン5、レッスン10となると、たまにわからないことがあって、そのわからないのがたまると、ついにわからなくなるわけでありますが、一番わかるところに戻って、一つ一つかっちり仕上げて練習問題をやっていきますと、非常によくわかると思います。それは頭のよしあしというよりは、〝断固〟といった精神的な面、知能的な面よりも精神的な面で解決できるというところが大きいのではないかなと思います。

幸い学校には夏休みというものがあります。夏は暑いので、私は青年たちには特に、朝早く起きることをすすめたいのです。四時だったら申し分ないでしょう。四時ですとどんな暑い季節でもクーラーもいりません。そして非常に静かです。そして多くの人はまだ寝ております。そういう時間に〝断固〟起きること自体、気温から言っても騒音から言っても有利であるのみならず、人が寝ている時に起きたという、その〝張り〟が非常に快感を与えます。

そして英語の嫌いな人は、〝断固〟中学一年の時の教科書からやってみることなのです。おそらく普通の高校生であれば、四時に起きて朝食前の時間を、〝断固〟英語にささげるのを半月やりましたら、ほとんど完璧に中学校卒業まではできるのではないでしょうか。そして〝断固〟やりますと、朝食後も快適ですし、午後はもう遊んでもいいやという気楽な気持ちになります。気楽な気持ちになりますと、かえって別の勉強もする気になったりするのであります。

ですから夏休みは、特に若い人は、朝早く起きること。朝食前に少なくとも正味二時間は勉強できるような起き方をすること。そして不得意な学科は、恐る恐る手を出すような感じじゃなくて、一番わかりやすいところに戻って〝断固〟やることだと思います。

第五章　英語のことわざに学ぶ

「天は自ら助くる者を助く」

Heaven helps those who help themselves.

Heaven は「天」ですが、God としても同じことです。helps は「助ける」ですね。誰を助けるかというと、those who、これは有名な公式ですから、ご存知の方も多いと思いますが、「～するところの人々」です。「自分自身を助けるところの人々を天は助けます」日本式にこなれたことわざで言いますと「天は自ら助くる者を助く」になります。

どういうことかと言いますと、人の助けを期待しないで、自分のことは自分でやろう、できるだけ自分でやってみようと、断固たる決意でやっている人に対しては天が助けの手をのべてくれるということなんです。思いがけないところで助けが出たり、妙に運が良くなったりすることがある。そして、自ら助ける気がない者は、いくら他の人が助けても、その人が永久に助けてくれるわけではないので、結局駄目になるということわざです。

このことわざが日本でも非常に有名になったのは、幕末に日本からイギリスへ留学した中村正直《まさなお》（号は敬宇）によります。この方は昌平黌《しょうへいこう》という幕府の学校が始まって以来の秀才と言われた方でしたが、イギリスに行きまして、明治維新になったから帰って来ました。帰って来る時に、イギリス人の友達が一冊の本をくれました。その書名が“Self-Help”という、このことわざから作ったような名詞です。「自ら助けること」（いわゆる『西国立志編』、後の訳者によって『自助論』と題された本）という本でした。

その本は、ちょうどイギリスでは空前のベストセラーになっていた本だったんです。それを書いたサミュエル・スマイルズという人は、主として産業革命のころからの普通の人々を観察して、一つの公式みたいなものを得たのです。それは自ら助けようと決心した人は、天が助けてくれるものであると。それは必ずしも、いわゆる出世の意味じゃありません。たとえば村の鍛冶屋さんが勉強が好きで勉強して、その分野——植物学なら植物学——では大学の学者も一目置くようになったというような例をいっぱい集めているわけです。蒸気機関車を作った人の話とか、いわゆる英雄・豪傑の話ばかりでなくて、それぞれの人生の道において一芸に達したり一業を成した人の無数の例を挙げた本なんです。これがイギリス人に与えた影響力が非常に強くて、それを読んだ結果、イギリスだとか、アメリカとかが発明王国になったのが一九世紀の後半から二〇世紀にかけてです。

中村正直という人は儒学、いわゆる孔子の教えの学問をした人で、これを読んだ時に、これこそ新しい儒学であると思いました。孔子の教えは、なるほど旧幕時代の人々の心を練るには良かったが、明治の文明開化の時に、人はどう生きたらいいかわからなくなった。その時、自ら助ける気持ちが大切なんだという人生の原理を日本人に与えたわけです。商売や事業をやるにも、とにかく殿様から禄《ろく》をもらうのではなく、「自ら助けて」つまり自分の力でやるんだと説いたのです。そしてこれだけの例が先進国の西洋にはあるということを示した。新しい『論語』になるものだと中村正直は思って訳したわけです。

これがまた日本でも空前のベストセラーになって、いわゆる成人の男子で字が読める人で読まなかった人はないと言われたほどでした。その後いろんな事業をした人でも、読まなかった人を捜すのが難しいと言われるぐらいでありました。

これは日本にとって非常に幸せなことでした。日本が明治に国を開いた時には、今みたいに国連が助けてくれるとか、先進国が後進国を助けるべきであるとか、そんな概念・考え方は一切ありませんでした。弱かったら植民地にされる時代でした。そんな時代に、日本は中村正直の本をみんなで読んで、自ら助けなきゃならんということで、外国から技術を輸入するのも、外人教師を輸入するのも全部自腹を切ってやったわけです。どこからも、いわゆる援助資金なんていうものはなかったわけです。それで、気がついてみると日本だけが近代化に成功した唯一の有色人種の国でした。

戦後の世界は日本の明治のころに比べてみますと、いわゆる発展途上国にとってはきわめて恵まれた状況であります。いろんな国連の機関だとか、先進国は途上国を助けるべきであるというような概念が成立しており、膨大な予算（ODA）で日本も助けております。アメリカも他の先進国もみんな発展途上国の援助をやっております。ところがほとんど全部成功しておりません。見てみますと、そういう途上国では助けてもらうのが当たり前だという宗教だとか道徳観念が広まっているので、自ら助ける気が少ないんですね。日本以外に自ら助ける気があるところ、たとえば韓国だとか台湾だとかシンガポールだとかは天然資源に恵まれないにもかかわらず発展途上国の域を脱したのみならず中進国の域を脱して先進国の仲間に入っております。どうも他の多くの地域は self-help の気持ちが、つまり自ら助ける気持ちが少ないのではないかと思えます。

先進国であるイギリスも、政策の趣旨それ自体は良かったんですけれども、あまりにも手厚い社会福祉、「ゆりかごから墓場まで」なんていう政策をやったとたんに、自ら助ける気のない人が多くなって、あの大英帝国と言われた繁栄が、一人当たりの収入でも日本よりはるかに下になった。今はそういう反省から政策が見直されるという風潮になったりしています。

ここにあることわざは個人にとっても、国家にとっても、民族にとっても動かすことのできない真理だと思います。

「いろいろな人がいて、この世の中は動いている」

It takes all sorts to make a world.

これは文法的に説明しますと、It が形式上の主語で、to 以下が本当の主語です。ですから、直訳すると、

「世の中を作り上げること、そのことはあらゆる種類のものを必要とする」

という意味になります。

世の中を作るには、いろんな人を必要とするということは、人がある程度年を取って、いろいろなところを見るとわかるわけですけれども、若い時だとか、あるいはある種の考え方に凝り固まった人にはなかなかわからないことです。

家庭の場合でも、父親も母親も子供もおじいさんもおばあさんも、いろいろいるのが普通の家庭です。さらにそれが大きい世間になりますと、お金もうけのうまい人、非常に正義感が強くて裁判官とかそういうのに向いている人、あるいは研究に向いている人、商売

に向いている人、いろんな人がいるんですね。

ところが、しばしば、人はそう考えないことがあるんです。たとえば、皆さん方が学校に入っておりますと、学校の勉強ができる人がいると思うんです。勉強のできる人は、いわゆる難しいと言われる学校に入る。一番難しいと言われる学校を出て、さらに難しい試験を通って、役所なんかに勤める。そうしますと、そういうコースをたどった人が偉いのであって、それ以外の人は、あるべき姿から脱落したんだなんていう発想に時としてなりやすいのです。これがいわゆる一流校コースをとった秀才の、ときどき見られる誤った考え方なんです。

そういう人だけだったら、世の中は全然動かないのですね。高級官僚だけの世の中なんてありっこありません。

そうではなくて、今の学校の枠組み、特に秀才コースというのは元来明治の時にできたので、明治はいろんな制度が整わなかったから、早く「文明開化」を進めるためにとりあえず高級官僚だとか大学の先生だとか、そういうのを手っ取り早く作るような、そういう仕事に向いた人を作るコースを作った、それだけの話なんです。

この点においては、日本の最近の世の中の流れは、かつてよりは良くなったように思います。というのは、あの人は官立型とか、この人は私立型とかいうような言い方もできてきました。あるいは、あの人は高等学校型、あの人は専修学校型とか、そういうのも出るのかもしれません。それは教育の面においてたくさんのコースがあることは、ここにある「世間を作るには、様々な人間がいるんだよ」というのを常識化するのに役立つと思います。

アメリカは、昔から人材を非常によく生かし得る立場にありました。それは、アメリカというのは、そもそも学校の成立からして私立が主体であったことによります。後に州立も出ましたけれども、ありとあらゆる学校があり、日本みたいにランク付けできっちり決まっているなんていう感じもなくて、自分の入りたい学校に入って才能を見出す、あるいは入らなくたっていいんだとか、そういうふうな常識が支配しておったものですから、多彩な人材がのびのびと活躍して、それが二〇世紀前半のアメリカの時代を作ったんだと思います。

ところが非常に優秀だと言われたドイツとかフランスなどでは、あるタイプの人たちを作るために大学あるいはそれに相当する学校を作りました。これはたいてい国立大学だったんですね。私もドイツに行って多少経験がありますが、国立大学だけの国は、どこの大学出でも、どの人も、ある種の型があるんですね。そういう種類の人を作る非常に優れた大学制度ではあるけれども、それに向かないタイプの人の学校がもっとあってもいいんじゃないかなと思いました。

それから、しばらくたってみますと、現代社会というのはますます多様化し、特に価値観の多様化とか人材の多様化が現れています。それから同じ技術方面でも無数の枝分かれをしております。そうしますと、タイプのうんと違った人がいっぱいいないと困るんですね。

気がついてみると、世界の経済の中で非常に活発な働きをしている国々、まあ日本、アメリカが一番ですが、それに韓国とか、こういうところは、私立大学も盛んな国なんですね、私立大学があればいいというもんじゃないですし、国立大学と比べて私立大学がいいという意味でもなくて、国立大学だけの国では、人材のタイプが決まってしまうんじゃなかろうかと思われます。私立もある、国立もある、その中にもタイプがいっぱいあるというようなところで、いろんな人材がみな生きてくるのではないでしょうか。非常に難しい、たとえば旧帝大の一番難しいコースの人たち、この人たちが必ずしも商社員として成功するとは限りません。

このような具合で、多くの人たち、無数のタイプの人たちが、それぞれがところを得て活躍できるような社会、これが一番活気のある社会であり、かつ生きやすい社会だと思うんです。その点、日本は世界の諸外国に比べてもいい格好になっているのではないかと思います。

「思い切って立ち向かえば道は開ける」

He who handles a nettle tenderly is soonest stung.

まず、文章の説明をしますと、He というのは「彼」ですけれども、ここでは「人」。普通の英語ですと one と言っても、あるいは the man と言ってもよろしいですね。handles は、「取り扱う・触る」という意味です。nettle というのは「イラクサ」、トゲがある草なんです。tenderly は「優しく」。ですから「トゲのある草を優しく扱うところの人は」が主語ですね。soonest は soon の最上級で「たちまちに、すぐに」。stung は sting の過去分詞、したがって is stung で「刺される」。

「イラクサ、トゲのある草をそっと扱おうとする人はたちまち刺される」というのです。イラクサなんかを扱うときは、いきなり、思い切ってパッとつかまないといけないんですね。

イラクサではありませんけれども、「よし」とか「あし」といった草がありますね。私の郷里では「よし」（葦）と言っておりました。子供のころ、小川のそばに葦がいっぱい生えており、その葦をかき分けてどじょうをすくったり、ふなを釣ったりしたのですが、葦というのは、すぐ手をスッと切るんですね。カミソリのように切るんです。葦をかき分けて行かなければならないんで、下手にかき分けると、すぐ手がスッと切れるんです。切られない一番のいい方法は、ギュッとつかんで押し分けるんです。ギュッとつかむと切れません。

そんな田舎にいたころの経験があるものですから、イラクサを扱うときは、ギュッとつかんでしまえば、イラクサのトゲぐらいは手に刺さらないということはよくわかります。これはおそらくイラクサの多いスコットランドかどこか、その辺のことわざじゃないかと思います。人生の場合も、よくそういうことがあると思うんです。あまり恐る恐るやっていると、結局痛い目にあう。ところが、断固として立ち向かえば、どうということはなかったということがあると思います。

たとえば、英語の勉強なんかでも、英文法は難しいなと言って及び腰でやっていますと、いつになってもわからない。思い切って、中学一年生の第一課から開いてみて、夏休みの半分くらいかけるつもりで復習すると、たちまちわかるというようなことを、しばしば経験することがあると思うんです。

私も学生のころに、学徒動員、勤労奉仕などでずいぶん学校が抜けました。しかも、そのころは戦争の時代で遊んでしまったもので、数学がわからなくて困ったことがありました。試験だというので習ったところだけを付け焼き刃でやっても、自信はないし、まあい点も取れない。こんなことでは情けないなと自分で思いまして、思い切って岩切の『代数』という本を第一ページからやったことがありました。そして第一巻の三分の一ぐらいまで行きましたら、全部読みあげないのに大体学校で教えることの、それまでわからなかったことがわかったという記憶があります。英語でもやはり同じことでした。

もし、皆さんが英語でも数学でも何に限らず、今わからなくて困っているとしたら、できものに膏薬《こうやく》をはるような、試験の前にちょちょっとやるような、そういうへっぴり腰でなくて、少し時間をかけて夏休みでも春休みでも、あるいは毎日でも構いませんけれども、思い切ってその学科の自分がわからなくなったところに立ち戻って、最初からやるつもりで、つまりイラクサをグッと握るつもりで、あるいは葦をギュッと握るようなつもりで押し分けて行くと、意外にたやすく解けるんじゃないでしょうか。

対人関係でも「こんなことを言ったらどう思われるかなあ」と、ウジウジして、かえって関係が悪くなることもあります。スッキリ話すべきことを話すとか、断るべきことははっきり丁寧にキッパリと断るとか、そうしたことで多くのことが解決することがあるのではないかと思います。はっきり断ればいいのに、こんなことを言ったらよくないのではないかと、何かうじうじしているうちに、かえって相手も傷つくということも多いと思います。そういう時に、初めから、「僕はいやだ」とか「そういうことはできませんね」とすっきり言えば「ああ、そうか」と、それで済むことも実に多いと思います。

このことわざを作った人は、子供の時の経験を踏まえて作ったんでしょうけれども、人生を渡っていくうえにも「ああ、これはちょこちょこやるよりも、キッパリしたほうがいいな」ということが、非常に多くあると思います。そのキッパリできる人は一種のさわやかさを備えることでもあり、明るい人生を送る一つの知恵になるのではないかと思っております。

「チャンスを逃すな」

Make hay while the sun shines.

hay は「干し草」です。Make hay で「干し草を作りなさい」。the sun shines「太陽が輝く」、while は「間に」で、このことわざは「日が照っている間に干し草を作りなさい」、ぐずぐずしていると、また雨が降ってくるかもしれませんよ、ということでして、「チャンスを逃すな」ということです。

同じようなのが、

Strike while the iron is hot.

Strike は「打て」、iron は「鉄」であり、「鉄は熱いうちに打ちなさい」、固まったら打ったってしょうがないよということです。

いずれも、ものにはチャンスというものがあって、チャンスを逃すと駄目になったり、非常にやりにくくなったりするものだということです。これは、たとえば、お年を召されてから英語を勉強なさるという、非常に感心すべき方々がいらっしゃるわけですが、やはりなかなか難しいと思うんです。ところが、皆さん方の年ごろにはそれは非常に簡単です。同じ単語を覚える、同じ発音の仕方を覚えるのでも若いころは非常に自然なんです。それから異質の発音が耳に止まるということ、これも年を取るとなかなか引っ掛からないんですね。外人の話、これはたとえばバビブベボのBのビとVのヴィが違うんじゃないかと言っても、若いうちはすぐわかります。しかし年を取ってしまうとなかなかわかりません。さらに幼いころですと、外人のRとLの差も何の苦労もなくわかる。皆さん方が習うころは、相当の年ではあるけれど、語学を習うためには、まだまだ十分若い年です。その間に身につけますと、一生、非常に世の中が広くなります。

前にも申したかもしれませんが、すべての日本人が外国語を学ばなければならないなどと私は思いません。これは一例を挙げただけです。しかし、語学は水泳みたいなもので、水泳はできなくたって別に普通は困りませんけれど、泳ぐことができると、夏の暑い時に広々とした海原で泳いだり、あるいはプールで泳いだりして非常に楽しいものだし、そこで友達もできたりします。やっぱり若いうちに泳ぎを覚えたほうがよろしい。同じように語学も、若いうちにある程度できるようになりますと、広い世界を泳ぐことができるように思うんです。

私の親しくしている人に、竹村健一《たけむらけんいち》という方がおります。ずいぶん昔から私は知っているんですが、この人が非常に活躍している一つの大きな理由は、何と言ってもあの年で外国の要人たちと通訳なしでしゃべれるということでしょう。こういう人はあの年では少ないと思うんです。しかも、ある程度内容のあることをしゃべるのは難しい。日本語で内容のあることをちゃんと話すあの世代の人は大抵英語の会話ができないんですね。

竹村さんという方は、「会社をやめるか留学するか」というときも、留学を選んだという方で、二三、四歳のころに戦後の最初ぐらいの留学生として行っておられる。非常に若い時にやっているわけですね。今はもう七十三、四歳になっておられると思いますが、その時で二〇代半ばごろに外国に留学する機会に当たった人は、きわめて稀《まれ》でしょう。そういうわけで、あの方は若い時に外国をいろいろ見て、英語でしゃべることに対してあまり抵抗を感じない。また、若い時に行っていますから、外国の雑誌や新聞をサラサラと見てもあまり抵抗がない。そういうことが、彼がテレビに出て来る普通のタレントとは非常に違い、広い活躍をする一つの大きな原動力になっていると思うんです。経済のこと、政治のことで竹村さんのように知っている人は他にいるかもしれません。しかし、それが、語学と結びついた人は少ないと思う。これも、やはり日の照るうちに干し草を作った、つまり日本人がまだたくさん出ないうちに外国を見たからだと思うんです。

皆さん方の時代には、外国に行くのは何も珍しくありませんが、語学を身につけるか、あるいは若いうちに身につけるべきものをちゃんと身につけるいろんな分野があると思います。音楽でも、好きなら若いうちにきちっと基礎をやると、一生楽しめることになりましょう。それから漢字を若いうちにちゃんと覚えておけば、人がなかなか入り込めない漢詩の世界という、広大な文学を楽しめる世界に入れることでありましょう。また、スポーツをきっちりやりましても、長い間非常に楽しくできると思います。それから将棋のような娯楽ですらも、若いときにきっちりある程度できると、年を取ってからも楽しめるというようなことがあるようです。

若いうちに、何にも将来につらならないようなことで時間をつぶすのは、本当にもったいないものです。若いうちは二度とありません。日の照るうちに干し草というのは作ってしまわなければなりませんし、鉄はさめてから形を曲げようとすると大変な苦労がいります。皆さん方は、まだ熱い鉄です。今のうちに打ってください。今は、皆さん方にとっては、日の照っているときです。今のうちに干し草を作ってください。

「二兎《と》を追う者は一兎をも得ず」

If you run after two hares you will catch neither.

文字通りのことわざが英語でも用いられております。ウサギを追うときに、一匹追っかけていたら、もう一匹出てきた。そちらの方に向いていたらどちらも逃したという、よくありそうな話をことわざにしたものです。

人間は欲が深くていろんなことをやりたい。しかも同時にやりたいということがあるわけです。勉強もできる人間になりたいし、運動の上手な人間にもなりたいし、遊びたいし、旅行もしたいし、いろんなことがわーっと出てきます。それを全部やっていますと、結局ひとつもプロになれない、ということだと思います。あるいは、ある局面に対した場合に、両方にいい顔をするために、両方がダメになるということもまた、日常体験でよくあることだと思います。

若い学生が、ある目的を立てたとしましょう。その目的を達するために、何かを犠牲にしなければならない。犠牲にするという言い方はおかしいけれども、後でやれることは後に回す。ウサギが二匹いたらまず一匹つかまえてから、後を考えるというようにしないと、どうも青年期がむなしく過ぎてしまうような気がいたします。

たとえば、勉強をこれから大いにしようという人が、テレビを一切、三年間なら三年間見ないことにしようと決心したとしますね。ところが、テレビにはご存知のように大変いい番組もいっぱいありますので、それを見ないというのはバカな話ですし、一週間に一回や二回見たってどうということはありません。それはそうなんですけれども、一年であれ、二年であれ、一切見ないというところから、非常に違った視野が開けることがあると思うんです。

実は私も大学に入りましたときに、東京へ出てきまして、東京にいる間は映画を見まいと決心したことがありました。今から半世紀以上も前の話ですから大変娯楽が少なくて、映画は唯一の娯楽だと思われていた時代です。ところがやはり見たほうがいいような映画もあるのですね。英文科におりましたから「ジュリアス・シーザー」なんていうのが来た時、これは見たほうがいいに決まっているのです。しかしそれを見ると、映画は東京では見ない、という原則のほうが崩れるわけです。どっちを選ぶかということだったのですが、私は映画を見ないほうを選びました。その代わり、夏休みにうちに帰った時なんかは見るのですから、それほど厳格な規則でもなかったのですが、まあ、東京にいて勉強している間はやはり見ないと決めていたわけです。

そうしますと、どういうことが起こったかといいますと、当時の娯楽の一番の主流みたいなものを切ったために、生活の仕方全体が一種の鋭さを持ってきたのではないかと思うんです。高等学校の時にはてんでわからなかったような思想の本もかなりよくわかるようになったり、あるいはうんと時間がなければ鑑賞力がつかないような本も鑑賞できるようになったりしたような気がするのです。

実は、映画が見たくてしようがなかったので卒業したその日に、私が映画を見ないことにしていることを知っている先生に連れられて、映画を見に行った覚えがあります。大学院に入ってからは早速「東京では映画を見ない」という自分に課していた禁を解きまして、「ジュリアス・シーザー」を見ました。「ジュリアス・シーザー」を三、四年前に見た場合と、後から見る機会があった場合と、どちらが良かったかといえば、理屈の上では、一時間でも、あるいは一日でも早く見たほうが良かったかもしれません。しかし、そういう理屈をつけ始めると結局何も原則は守れなくなりますので、まあ、私なりに大学院まで

「ジュリアス・シーザー」の映画も見なかったというほうが、生活全体の規則としては、良かったのではないかと思います。

青年時代は、テレビであれ、あるいは何でもいいのですけれども、自分の目的がはっきりしましたら、そのために大きいものをバサッと捨ててみる。それもあんまり厳格にするとやりきれませんので、学期中はやらないとか、あるいは高校卒業までやらないとか、何かそういうことを決めたらよろしいのではないかと思います。

「改めるに遅すぎることはない」

It is never too late to mend.

東洋の方では『論語』に同じ趣旨の言葉があります。「過《あやま》ちて改むるにはばかることなかれ」――間違えたと思ったら、それを直すのにぐずぐずするな、遠慮することはないんだぞ、ということを教えております。

洋の東西を問わず、知恵のついた人から見ますと、そうなんですね。間違っていると自分が気づいていることを、行きがかりや何やらで改めないでいると、かえって損するのです。「我れ過てり」と思ったら、さっさと変えるという態度が重要だと思うんです。これを「君子豹変」という言い方で言うことがあります。君子と言われる人は、これは間違ったと思ったらぱっと変えますので、豹変――豹の斑点のように変わり方が鮮やかである、というように言います。

似て非なるものに、しょっちゅう、ぐらぐら、ぐらぐら変わっている人がいます。こういうのは「小人革面」（小人は面《おもて》を革《あらた》む）というのですね。これは、どうということがないことに、しょっちゅう変わっているということです。ちょっと似てるようなんですけども大いに違います。

「改めるに遅すぎることなし」なんていうことが起こるのは、人生にそう何回もないと思います。せいぜい一回か二回か、あるいは多くて三、四回ぐらいだと思うのです。

たとえばこういうことがあります。我々が知っている世代でも、昔の、特に戦中・戦前の良心的な人の中には、少なからず社会主義的な方がおりました。確かに戦前の社会ですと、社会主義的な政策が日本の社会に必要だと痛切に感ずる人がいても、それは少しも不思議ではなかった。ところが戦後は非常に変わりまして、むしろ社会主義国のほうが自由を圧迫しているケースがうんと多くて、むしろ社会を本当に変えていくのはそういう主義によらないで、ひとつひとつ自由な意見の交換の中で、そして自由な選挙の中で変えていくほうがいいのではないかという意見が優勢になり、これがだいたい文明国の大勢になったと思うのです。

ところが、戦前の行きがかりから、あるいは戦後の行きがかりから、それを変えられない人、こちこちに固まったという感じのする人がだいぶおりました。まあ、思想の化石みたいになってしまっているんです。現実が全然変わってしまったのだから、自分の意見のほうを変えるべきなのに、現実が自分の意見のようにならないのが悪いなんて言ってしまいますから、ぜんぜん合わなくなるということがあったと思います。そういう人が非常に多かった。元来は立派だった先生の中にも多かった。

いい例としてひとつ挙げますと、清水幾太郎《しみずいくたろう》先生という方がおられました（一九八八年死去）。この方は、第一次安保騒動のころの英雄でして、当時のオピニオン・リーダー。反米、反政府の運動の理論的な指導者であったわけですけれども、実際に安保反対をやっているうちにいろんなことがわかってきまして、これは自分が間違っていたんだと、宣言されました。そして、それまで自分の身の丈もあるほどいろんな本を書かれた方が、それまでの主張をすぱっとやめて、また何年間もひたすら勉強しなおされて、そしてすっかり新しい局面を開かれたという方です。その先生でも二度も三度もそういうことはないと思います。その方は人生に一度あったわけです。我々も、人生にそう何度もあることではないけれども、よくよく考えて、長い間自分がこうだと信じてきたものでも、どうもこれは自分のほうが間違っているのだなと思ったら、さっと思い切って、しかも徹底的に反省するという態度をとれる人間であり続けることが重要だと思います。

「始めがうまく行けば半分できたも同然」

Well begun is half done.

これは文法的に言いますと、過去分詞が主語で、過去分詞が補語という形なんですけども、ことわざの場合はたくさんのことを省略するものですから、こんな言い方になるわけです。強いて文法的に補えば、Things well begun ——良く始められたことは、things half done ——半分成されたこと、と things でも補っておけばわかりいいと思いますが、ことわざとしてはそんなもたもた言うと迫力がありませんので、一番肝心なところだけ残すわけです。

始めがいいと、そのことはもう半分やったようなものだということなんですが、これはよく我々も経験することだと思うのです。たとえば、夏休みの始めに勉強の計画を立てる。ひと月以上もあるのだからというので最初の一週間、ぶらぶらっとしてしまうと、それからが大変なのですね。何もこれということをやる前に休みが終わってしまった、というようなことになります。ところが、始めから計画を立てて、朝四時に起きるとか何かきちっとやって始めてしまうと、後でいろんな事故が起こったりして、それがその通りできないことがあっても計画の半分ぐらいはできる、あるいは三分の二ぐらいはできるということになると思うのです。

また、学期の始まり、勉強の始まりの時も同じで、新しい決心なしに何となく始まったのと、今学期は、あるいは今学年は思う存分やろうと思って計画的に決意を持って臨んだのとは、随分違うと思うんです。そして、そういう始めの時の決心というものは、あるいは計画というものは、決してその通りいかないものだということも知っておいてよいでしょう。始まる前の決心は、やっているうちにこれは厳しすぎるとわかったら少し下げることも常識的に必要かもしれません。しかし、何となくぶらぶらっと始まったのとしっかり始まったのとでは、全然結果が違うのです。

昔、江戸時代に柴野栗山《しばのりつざん》という人がおりました。その柴野先生が「進学の喩《ゆ》」――学問をすすめるたとえという文章で言っているのですが、柴野先生が京都から江戸へ向かって歩かれたことがあった。その日は非常にうららかな日なので、京都の近郊にピクニックみたいなことで出かける人がいっぱい三々五々歩いておりました。ところが、柴野先生は、自分は目的の行き先が遠いものですから、始めから心を決めて、さっささっさと歩いた。歩いているうちに、しばしば、ひとグループとしばらくしゃべっては、また追い越して、次のグループとしゃべって、どんどん、どんどん歩いて行きました。そしてしばらくたって振り返ってみると、そういうにぎやかだった人たちは、ずっと森の陰や丘の陰になって見えなくなった。そして昼過ぎになったら、もう自分だけがさっささっさ、てくてく歩いておったわけです。

そこで柴野先生が反省して言われるには、一歩一歩をとってみれば、ぶらぶら歩いている人たちも自分も、そう何センチも違うわけではない。その足の動かし方だって、自分はそう速く歩いていたわけではない。ただひとつ違ったことは、自分の目的が遠くにあったので始めから心を引き締めてきっちり歩き続けて、立ち見をしたりぶらぶらしないでさっさと歩き続けたのだと。結局、半日、一日たつと、うんと差がついたし、もしこの調子で行って一〇日、二〇日とたってしまえば、後は、駆けようと走ろうと馬に乗ろうと、人は追いつけなくなってしまうであろうと。

学問もそんなものではないでしょうか。初めから目的をきっちり立てて、しっかりした足取りで行けば、その一日一日はほかの人とどこが違うかといっても、わからないぐらいのものなのだけれども、それが一か月、二か月、三か月、あるいは一年、二年たつともう、ぶらぶら、ぼやぼやしていた人が、どう追っかけようと、追っかけ得なくなってしまうのだと。人生においてもおそらくそういうことがあるのではないか、ということを言っておられるわけですけれども、皆さん方は人生の始めにいるわけですから、遠い目標を置いて、しっかりした足取りで歩き始めてほしいと思います。

「学問に王道なし」

There is no royal road to learning.

昔、王様は何でも楽をしたと思われたので、「王様の道」というのを使ったと思うのですが、学問に対しては、王様だからといって特に楽に行ける道はないのだ、ということを言っています。

実際、学問はなかなか進歩しないものですから、一挙にそこに至る道はないだろうか、あったらいいな、と思うわけですね。それで、「英語四週間」などという本が出たりします。実は英語が四週間で終わったら、それこそ本当に苦労はないのですけれども、我々が子供のころそういう本が出ていましたが、それでうまくなったという話は聞いたことがありませんので、やらなかったよりはましぐらいだったと思うのです。

英語の勉強をする場合も、辛《しん》気《き》臭《くさ》いというのが勉強の特徴です。その辛気臭さに耐えながらやっていかないと、本当のことは身につきません。

日本の英語は実用価値がない、というようなことがよく言われます。実際そういう面も大いにあるのですが、それは日本人が外人と接触する機会がないから、接触した場合の言い回しなんかに慣れていないだけであって、接触すれば普通の人ならできるようになるわけです。

ただ、いくら接触したからといって、うまくなれるかというと、基礎がない人は永久にうまくなれないと言ってもいいと思います。しばしば、日本では英語の勉強もろくすっぽしない人が、ちょっとアメリカに行けばうまくなれるだろうと言って、向こうに行く人もいます。こちらで特別な理由があって、先生と合わなかったとか学校と合わなかったとか、そういうことで、こんなことぐらいなら外国でがっちりやるんだ、というような人もいるでしょうけれども、しばしば安易に、アメリカにさえ行けば英語も聞き取れるし、英語の本も読めるし、英語で商売もできる、などと思って行く人もいると思うのです。実際、商売によってはあまり難しい英語をしゃべらないで、ただお客さんに簡単に売るだけとか、ありがとうと言うだけの英語もあると思います。

しかし、書類を読んだり、契約したり、というようなことができるようになるのに、あるいは本を読んだりラジオを聴いたりして、ある程度のものがわかるというようになるのに、アメリカに行ったぐらいでぱっとできるようになったら、それこそ苦労はないのです。

日本にいるときは英語の勉強が嫌いで、ろくにアルファベットも覚える気のなかった人、ろくにスペリングも覚える気のなかった人がアメリカに行ったりする。それでうまくなるかというと、まずはうまくなっていないのです。もちろん長くいますと、買い物ができるようになったりしますけれども、まあできないよりはいいのですが、勉強ができるというのとは関係なく、何となく外国で吹きだまっている人もかなりいるわけです。

英語をやるためにはやはり学校の勉強、いわゆる基礎的な練習、文法、それも学校で教える程度はきちっとマスターした上で、外国に行く機会などありますと、これは進歩の度合い、それから到達する程度の高さがうんと違ってくるのです。

英語ひとつの例でも王道はありません。アメリカ人でも、ある程度作文もうまくなり、新聞が読めるようになるためには、アメリカで十何年間も学校に通わなくてはいけないのです。アメリカに生まれ育っても、あまり努力しないグループの人たちで、成人になっても新聞ひとつ読めないという人が数千万人いると言われているのです。

「歴史は繰り返す」

History repeats itself.

「歴史は繰り返す」ということわざですが、これは古代ギリシアの歴史家トゥキュディデスの言葉から出たと言われています。「世の中に新しいことはない。今あることは昔もあったことだ」に通ずる思想ですが、トゥキュディデスのような優れた歴史家の目で見れば、「ああ、このようなことをして、またこの国も滅びたんだな」というようなことが何度も実感されたことがあったんだろうと思います。これは「驕《おご》れる者は久しからず」というような歴史認識とも似ております。

ただ、もっと正確に言えば、私は同じ歴史が一度繰り返すことがあるとは思いませんが、ひとつの国民とかを見てみますと、その国民の根性・性格はそう変わるわけじゃないので、同じようなパターンを繰り返すというか、歴史の起こり方にひとつの癖がある、ということは言えるのではないかなと思います。また、同じ人類ですから、民族は違っていてもやっぱり共通点というものもあるように思うのです。

たとえば、これはあまり良くない例ですが、一五年ほど前某財閥系の不動産会社の会長さんのうちに、右翼が入り込んで奥さんを人質にしたことがありました。その理由は、東京の土地の値段が高くなったのはけしからん、というようなことでした。入り込んだ右翼の行動の背後には、東京の中で土地が欲しくて困っている人がたくさんいるから、その恨みを持っている人が多いはずだ、だから俺たちが今ちょっと変なことをやっても、世の中の人はたたくまい、新聞もたたくまい、というような読みがあったと思うのです。

似たようなことは、私が生まれて間もないころにも東京で起こっているのです。その時に、昭和の初めごろ、アメリカ発の大不況で日本経済が非常に苦しいことがありました。

当時の日本を代表する三井財閥なんかには、さすがに優れた人がおりまして、為替なんかでもうけたらしいのですね。それを、けしからんと言って、今より荒っぽい時代でしたから銀行家が殺されたんです。常識から言って、銀行や商社の担当者が為替相場で金をもうけて殺されたんじゃたまりませんね。有能な銀行家、有能な商社マンは皆、殺されなければならないことになってしまいます。

土地の問題を見ますと、東京の土地というのは、少なくとも環状線の中なんかは、日本の中の商店街なんです。商店街というのは、昔から居住地とは質の違った値動きをするものなのです。だから皆さん方のご存知の方でも、土地投資を勧められて別荘を買ったけれども、ちっとも値段が上がらないと言って、ぼやいている人がいるのではないでしょうか。居住地というのはあまり上がらないものなのです。ところが商店街というのは株式市場みたいなもので、その国、あるいはその町の経済状況を示す指標なのです。土地投資というものは商店街に昔から限ったものなのです。ですから、地価が下がっている町もいっぱいあります。私の郷里のほうでも下がっております。もし商店街の土地が下がり始めたら、その町の人はほんとに皆青くなるのです。ですからその意味では、東京の商業地の土地が高くなるというのは、幸いなことと言ってもよろしいかと思います。

ただ、バブルの頃の日本の場合は、急に世界の財政の中心になったということで、世界の銀行が皆押しかけてきたので、商店街的な区域が急に広まったということがあり、急に広まったこと自体が摩擦《まさつ》を多くしたり、土地の値上がりを急にしたのだと思います。しかし、本来ならば商店街なんていうのは、元来は居住地としての常識では通用しない値段の動きをするものです。先に言及した土地会社なんかは東京の小さい土地を買い集めては交換したりなんかして大きなビルを建てた。すなわち、本当は国がやらなければならないような都市計画を経済法則でやっていたというわけで、むしろ誉められるべきだったと思います。本当はそうなのに逆に、右翼が出たりします。これは、昭和七年ごろ三井が為替でもうけたのは三井としては当然やるべきことだったのに悲劇が起こったことを連想させるわけです。このように見ると、日本人の心の中には、金もうけを不当に嫉妬するような、冷静に考えれば正当なものでも嫉妬する、という怖い精神があるのではないか。そうしますと、歴史は繰り返すというような心配もないわけではありません。

このような意味で、このことわざは民族の長所を確かめることにもなりますし、また民族の短所の反省にもなると思います。

〈注〉バブルの頃に東京の場合は、居住地も上がったじゃないかと言いますけれども、商店化が進んだところに居住地があったということもあります。バブルの時は居住地も不当に上がった。これは、本当は上がらないはずなのです。ただ、日本ではまだ戦争中の農地法や非常に異常な税金の制度があったために、土地がないわけではないけれども、住宅地の供給がスムーズにいかなかっただけの話で、むしろ問題はこちらにあったと思います。今は多少法律が改正されました。

「誰にも運の向く時がある」

Every dog has his day.

どんな犬も自分の日を持っている――これは、意味から言いますと、どんな犬でも自分の日というような日がある、すなわち運がついたような日があるという意味です。

この場合の dog の語感なんですけれども、英語では「犬」というのはしばしば惨《みじ》めなもの、悪いものという連想を呼ぶことが多いのです。イギリスは大変狩猟の発達した国ですから、犬はいいイメージを持ちそうなものですけれども、dog が出てきますと、かなり悲惨な感じのする場合が多いのです。

たとえば die a dog's death――犬の死を遂げるというのは、「悲惨な死を遂げる、非業の死を遂げる」ということですし、go to the dogs というのは「落ちぶれる」という意味で、dog というものはしばしば悪い連想がある、悲惨という意味と重なることがある。そう理解しておきますと、そのような犬でも「自分の日」というようなものがある。すなわち「誰にでも運の向くという時があるのだ」というわけです。ちなみに元来dogはbear-baiting（熊と闘わせて見物）のための犬のことで、猟犬はhoundで、こちらには「惨《みじ》め」という語感はありません。

これは皮肉な意味で用いることもあると思いますが、ことわざとして確立しますと、その意味をとって、大抵どのような時も使っていいわけです。たとえば、生まれた時から不幸続きだったけれども、何か非常にいいことがあったというような時などにも言えることだと思います。それから、友達にうまいことがあったときに、冗談めかして「犬だっていい思いをする時があるからな」なんて言えば、これはかなり親しい間でのことになります。

だから、dogというものの語感の底には、惨めなものというのがしばしばくっついているのだ、ということをわきまえておりますと、このことわざを適用する時に、尊敬するべき人、なれなれしくしてはいけない人が幸運なのを見て、こんなことわざを使ってはいけないということがわかると思います。自分のことを言ったり、あるいはごくごく親しい人、そんな人に半分冗談めいた調子で言うべきことわざだと思います。

このことわざを離れて言えば、人間というものは、運がいい人、悪い人、いろいろあるわけです。運のいい人もうんとおります。それから、どうも一生あんまりついていないな、というような方もおります。確率から言いますと、人生が一万年ぐらいあると、だいたい運のいい人も悪い人も平均するのだそうです。ところが人間の生涯はせいぜい八〇年か、もっと長くて一〇〇年ぐらいですから、運のいい人に幸運がかたまることもある。

とは言うものの、どんな人でも一生の間には、これはという時があるわけです。皆さん方も、自分は今までついていなかったな、という人も随分いると思います。しかし、どんなについてない犬だっていい日はあるというわけですから、皆さん方はそんなについていないわけはない。少なくともこの本を読むぐらいの幸運には恵まれているわけです。

その幸運というものは、確率上は随分差はあるけれども、幸運を引き寄せるような、法則とは言わないまでも傾向があります。それは幸福あるいは幸運は来るものだという期待に満ちた心で暮らすことです。英語ではexpectantと言いますが、expectantな気持ちでおりますと、幸運が来る確率が高いんだということが、経験ある人たちに認められております。

皆さん方に、自分を悲惨な犬だと思い込んでいる人はいないことを望みますけれど、そのような犬でも幸運な時は肉にありつくこともある。いわんや皆さん方には、expectant

な、すなわち期待に満ちた気持ちでいれば、幸運はしばしば転がり込んでくることでありましょう。

「今日できることを明日まで延ばすな」

Never put off till tomorrow what may be done today.

これはほかのところではNever put off till tomorrow what you can do today. というのでもあったと思います。私の記憶では、フランクリンの自叙伝なんかにもwhat you can do todayのほうで出ていたような気がいたします。これはフランクリンに言われるまでもなく、振り返ってみれば人生で一番大切なことのひとつかもしれないのです。

人間の意志というものは不思議なもので、意志を強くするために何をやるかというと、やっぱり意志を使わなければならない。その意志を奮い立たせるのはやっぱり意志だというので、どこまでいっても切りがない。昔の人はそこを洞察しまして、とにかくスムーズにやるためには、最初意志を使って、それを習慣化することであるということを教えているのです。ですから、一八世紀の末ごろから二〇世紀の初めごろまで、欧米が興隆したころの人生訓の本の中には必ず、習慣論ということがよく書かれておりました。いい習慣を打ち立てることは、人生における重要なことのほとんど半分ぐらいは成し遂げたことだというのです。

たとえば、朝早く起きる。早起きの癖がつきますと、たとえば朝四時に起きる癖がつけば、七時半に出かけるにしても、五、六、七時半と三時間ぐらいは、食事の時間を入れても、ゆっくり書物を読んだりなんかする時間がある。それが苦にならないようにすれば、人生にとって大変な得なわけです。一回早起きするのは非常につらいけれども、二回、三回、あとの毎日というのは、全然普通になるわけです。

これと同じように、「今日できることを明日まで延ばすな」なんていうことも、これは全く習慣の問題でして、一度この習慣が確立したならば、いかに多くの仕事ができるかは、それは驚くべきことだと思うのです。

アメリカは二〇〇年間で非常に大きな国に発展しましたけれども、そのアメリカの一〇〇年前ぐらいの本に、トッドという人の書いた本があります。これは『学生必携』――学生が手元に置いて生活の工夫をする本――といって名著ですが、この中にもこのことがよく書かれております。そして、そのひとつの工夫として、寝る前に明日やろうということを簡単でいいから箇条書きというか、簡単にでも書いておけ、と述べています。書いておいて、翌朝起きたらひとつずつ消していく楽しみを持て、というような工夫もすすめたりしております。

どのような工夫があってもよろしいのですが、仕事を延ばさないということは大変なことです。延ばしますと、また明日やってもつらい、またその次の日にやってもつらい。私なんかも毎年卒業論文なんかを見ますけれども、たとえば大学院では普通二年で出るのが相場です。ところが三年になって出ず、四年になって出なければ追い出されたような形にならざるを得ない。能力があるのにそういう悲劇を見る人があります。その人たちの共通点はたったひとつ、今日できることを明日に延ばしているだけなんです。ぎりぎりになっても長い間についた癖のおかげで、最後のぎりぎりまで、一〇〇枚なら一〇〇枚の論文が書けないのですね。やる癖がちゃんとついている人は、大抵二年間でスムーズに出ていきます。どちらが知力が高いかと言えば、早く出た人が高いとは限らない。要するにこれは習慣の問題なのです。もしこの習慣が、完璧にできないまでも、絶えずこのことわざを繰り返し思い出す習慣がついただけでも、人生においては非常な得をすることになりましょう。

「初めは成功しなくても何度も何度もやってみよ」

If at first you don't succeed, try, try, try again.

小野道風《おののとうふう》という人、これは平安朝の方ですが、雨の日に歩いていたら、柳の枝の垂れ下がっているのに蛙が跳び付こうとした。初めのうち何回か落ちたのだけれども、ついに跳び付いた。それを見て小野道風も奮発《ふんぱつ》して勉強した。そして日本を代表する書家、学者になったという話があります。これなどは、作り話かどうか知りませんが、昔から絵にもなって、傘を差した宮廷の人が柳の枝に跳び付く蛙を見ている絵などありました。

これを示すようなことわざはいっぱいあります。絶えず落ちるしずくは石にも穴をあける。このごろはあまり見掛けなくなりましたが、昔はよく縁側の先に庭に下りる石を置いたものです。その石の軒の下のところは必ずへっこんでいるのです。ぽたっ、ぽたっ、ぽたっと落ちるしずく。こんなしずくなんかは大したことないわけですけれども、長い間には必ずどんな石でも掘れてしまうのですね。逆に、バケツで水をざーっとかけたって、石は決して減りません。これと同じように難しいことをやる時も、一時の衝動的なエネルギーでやったってできないことが多い。ところが長い間、こつ、こつ、こつとやると、あの小さなしずくが、石にも穴をあける。

悪い例で言えば、これに気がついた昔の残酷な王様が拷問をかけるときに、相手を縛っておいて、頭の上からぽたっ、ぽたっと水を落としたのだそうです。これはたまらないそうですが、水をかぶせたってがまんする人はがまんするでしょうけど、ぽたぽた落とされてはたまらんという、ひとつの例です。

なにしろ軒から落ちるしずくと石の硬さなどというものは比較に絶したものでありますけれども、その比較に絶した硬さのもの、強さのものに対しても、「少しずつ」という力は非常に強いものです。

逆に言えば、その少しずつということに目をつけますと、毎日少しずつするということは、一時にがーっとやって、あとやらないというよりははるかにいいということになります。英語の単語を覚えるのにも、一日一〇〇語覚えてあと三日休むよりは、一日一〇語でもいいから毎日やる。体操なんかでも、ストレッチ体操みたいなものは、一五分でも毎日やれば結局、年を取ってもぎっくり腰にならないとか、そういう体になると思います。ところが青年時代には大いにやるけれども、あとはやらないと、中年でぱたりと倒れるなんていうことがよくあるわけです。これは学校時代のあるひとつの難しい課目を突破する教訓にもなりますし、人生的に見ても教訓となると思います。

夏目漱石という人は、日本で最初に文部省から留学を命じられた偉い英文学者ですけれども、この漱石のような人も、最初は英語は大変嫌いでしょうがなかった。落第なんかもしているのです。ところがある時、やっぱり英語というものはやらないといかんと腹に決めて徹底的にやりましたら、後に日本で最初の文部留学生になるようになった。そう遠い昔でないところにも、こういう偉大な例があります。

これは、腹をがんと決めて、とにかく毎日こつこつやった結果です。try, try, try というのは、「こつこつこつ」と覚えてもいいですね。「こつこつこつ again」とね。これをやりますと、わかりっこないようなものもわかるようになるということがあります。大きい石を割る時でも、思い切ってがんとやったってダメなんですね。小さい槌で、こつん、こつん、こつんとたたいていると、ある時大きな石でもぽこっと割れるということがありま す。皆さん方が難しいと思っている学科は巨大な石のようなものです。あなた方の能力は、おそらく小さな金槌みたいなものでしょう。思い切ってたたいたって金槌は折れるだけかもしれません。しかし、こつこつこつとたたき続けると、あるとき大きな石がぱかりと割れるでしょう。それと同じように、全然わかりそうもなかった学科が、ぱかりとわかってくる日があると思います。

「口だけよりは一つの実行」

Actions speak louder than words.

「行動は言葉よりも声が大きい」というのですが、まあ、「実行のほうが言葉よりも効果がある」「口だけよりは一つの実行」ということなのです。

これは、今の日本の国際的状況を頭に入れて言うと、かなり小さい社会の中で作られた教訓なのではないかな、と思うのです。皆さん方の仲間、あるいは学校、あるいは日本の中ぐらいですと、あまり口であれこれ言わなくても、きっちりやれば十分評価されて、尊敬されます。言わなければ言わないほど、むしろ尊敬されるということもあると思います。

たとえば皆さん方が友達に「この本は土曜日までに返すよ」と言われたら、ちゃんと土曜日に返ってくる。そういうのを繰り返されると、「ああ、あいつは立派なやつだ」というようなことで、ぺらぺらどんな立派なことをしゃべる人よりも尊敬されるでしょう。また、社会に出ましても、いろんな立派なことを言う人よりも、一つ就職を頼んだらきっちりしてくれた、というような人のほうが尊敬されるようになるものです。日本ではこのことわざはよくわかります。おそらくイギリス人も非常によくわかると思います。

ところがこのことわざは、国際関係という場合はちょっと別なんじゃないか、ということをこのごろ感じます。たとえば、今ではずいぶん前の話になりますが、アメリカとの間に、半導体摩擦というのがありました。アメリカの半導体のシェアを日本の国内で二割近くまでにするという目標を立てたのに、そこまでなかなか達しないので、アメリカがこれは約束違反だとか、あるいは日本が第三国の市場で安く売っているとか、あるいはスーパーコンピュータを入れてくれないとか、そういうのを口実にしてアメリカが制裁措置をとったのです。

そのときにアメリカの議会は、全員一致で制裁を決議したと言われています。議会に対する影響力がイランゲート問題などで弱くなっていたレーガンが、議会の要求を聞かざるを得なくなったというのが実情です。しかし私は、たとえばもし日本の大使でも特使でもかまいませんけれども、アメリカのテレビなんかに出ることができる人、あるいは新聞記者なんかを呼び集めることができる人が、一言、二言、簡単に言えば、それで収まることが多かったと思います。

アメリカが二割、日本にシェアをよこせと言っているのですけれども、それは、買う買わないは政府がやれる話ではありませんよ、と一言いうべきだったと思いますね。それから、スーパーコンピュータの問題も「あれも日本は実際に買っているのに、クレー社という特定の会社のが売れないと言っているだけではありませんか」と、テレビなどでにこやかにアメリカ人の大衆に言ったら、アメリカ人も「ああ、そうかな」と、すぐわかったと思うのです。

あるいは、アメリカが赤字が大きいのは日本が悪いのだ、という意見も通用しておりましたけれども、これもやはり、テレビに出ることができる日本の代表がアメリカ人に向かって、にこやかに「なるほど日本にはどんどん黒字がたまっています。しかし、これはたとえてみれば、皆さん方のおうちで、奥さんでもお子さんでもどんどんスーパーマーケットに行って買い物をなさる。それで家計が赤字になった。その時に第一にまず文句を言うのは、どんどん買っている人に文句を言うべきであって、売ってくれたスーパーマーケットには文句を言わないでしょう。このように、日本も別に押し売りしたわけではないし、買ってくださったから喜んだだけです。まあ、そのへんをよく理解してください」というようなことを一言でいえば、アメリカの一般の人たちも、ぴんとわかったと思うんです。

これは、日本は国際的な水準でかなり努力しているにもかかわらず、遺憾ながら言葉が足りなかった、という教訓もあります。だから皆さん方は、自分の周囲、友人に対してはこのことわざ通りでよろしいのですけれども、広い世界に出た場合はwordsのほうも非常に重要だという局面もあるということを忘れないでください。

「いじめっ子は臆病者だ」

A bully is always a coward.

「いじめっ子は臆病者だ」と思ったことはありませんか。bully というのは、小さくて弱い子をいじめている大きいやつ、という感じの言葉です。なぜいじめっ子が本当は弱虫かというと、自分と対等とかそういう人と戦うのじゃなくて、必ず負けるに決まっている者を相手にするからです。

京大の教授だった会田雄次《あいだゆうじ》先生（一九九七年死去）の戦争中の体験に、こういうことがあったそうです。戦争で強い兵隊というのは、堅気《かたぎ》の人に限る、と。農村だとか工場だとか、そういうところから来た実直な人は、戦争の時は強い。そういう時にやくざはどうかというと、非常に弱いんだそうです。

普通に言えば、やくざというのは、けんかなんかは強そうなんです。しかし、やくざというのは短刀を持ったりなんかして、武器も何もない普通の人、けんかするのが人生で一番いやな人、それを相手にして脅すから効き目がある。

ところが戦争というのは、向こうは脅されない人たちである。敵はこちら側がどういう人間か知らない。弾を撃つのも斬《き》り合うのも、これはお互い知らない同士がやらなきゃならない。脅しが効かない、空威張りが効かない相手に対したとき、一番臆病なのはやくざのタイプの人間である。本物のやくざは、戦場では非常に弱虫である、ということを体験として書いておられました。

ところがそのやくざは、普通の人に向かうとめちゃくちゃ強くなるわけです。それは、普通の人というのはけんかを仕事にしていないし、その準備もしていない。しない建て前で生きている人だからなのです。

外国でもこのことは十分理解されていて、騎士道というのはそこから生ずるわけです。騎士道では、弱いと決まった者には決して強がらない。昔のことですと、女性というのは弱いに決まっていたということで、女性に対しては非常に丁寧にやる。子供に対しても丁寧にやる。これが強い人間の道徳として考えられていたわけです。

ですから、西洋では弱い者いじめ、bully という言葉は非常に悪い意味です。日本ではちょっと考えられないくらい悪い意味になると思います。日本の武士も、騎士道ほどはっきりした理念ではなかったと思いますが、弱い者いじめということは、しないのが建て前だったと思います。女子供をいじめるのは、これはろくでなしのすることで、武士のやることではなかった。

戦前、日本が外国に嫌われたことの一つに、弱い者いじめというのがありました。当時の中国は非常に弱かった。日本は日露戦争にも勝ったぐらいで非常に強かったものですから、無理難題を日本のほうが言っていじめた、とアメリカなどは考えた。こういうような解釈を、当時の外国はしていたので、二言目には「日本はbullyだ」と言われました。そのために、日本のイメージが非常に下がって、世界中から嫌われ者になったわけです。

実際、本当に実力があれば、なにも弱い者に威張ることはないでしょう。そんなことは犬だって知っていることで、本当に大きな犬というのは、小っちゃい犬なんかにほえられたって、見向きもしません。

皆さん方も、弱いと決まっているやつをいじめるやつがいたら、あ、あいつは本当は弱虫なんだな、と思うべきです。そして、間違っても人にbullyと言われるような人間にならないようにしてもらいたいものです。

「やってみるまでは何ができるかわからない」

You never know what you can do till you try.

これは確か、till you have tried という完了形で書いたのを見たことがありますが、まあ、どちらでもいいでしょう。

「やってみるまでは何ができるかわからない」ということは、別の言い方をすれば、「常識的に『難しい』『できないよ』と言われても、へいこら引き下がる必要はない」ということなんです。

もしも皆さん方の心の底に、本当にやりたいとか、あるいはできるのではないかな、という希望がちらりとでも光ったら、普通の人たち、自分の周囲にいる人たちが「そんなことできっこないではないか」というようなことを言っても気にしなくてもよい。そういう教訓にとられてよろしいかと思います。

私が大学院を卒業した昭和三〇年(一九五五)ごろの話ですが、私がドイツへ行っていた時に、世界の自動車業界の大会があって、日本の自動車会社の代表も来ていましたけれども、皆さん非常に意気阻喪《そそう》していたような感じでした。

当時ドイツはフォルクスワーゲンから始まって、メルツェーデス・ベンツなどすでにどんどん輸出していたのですが、日本はまだ輸出なんていうのは考える段階でもなかったのです。当時たまたま私が留学生で通訳の手伝いをして実情を聞きましたら、「いや、日本の自動車なんかは駄目なんだ。鉄からして駄目だ。ドイツの鉄は、スウェーデン鋼を使うものだから、型にはめてもぴんと伸びるが、でも日本のはなかなかそうならないんだ」というようなことを言って、すべてが悲観的でした。

ところがそれから一〇年か一五年か経ちますと、いつの間にか日本の自動車は、どんどんどこにも進出していて、アメリカも日本に規制してもらわなければならなくなったのでした。あの輸入制限は一切やらないという建て前のドイツですらも、日本の自動車に対しては、何とかしなければならない、ドイツまでどんどん食い込んでくる、というようなことが言われていました。これを考えますと、私はつい、昭和三〇年ごろのドイツのあのことを思い出すのです。あそこに出席していた日本人たちは自動車会社の代表者たちでしたけれども、その人たちは日本の自動車の将来は駄目だと思ったのでしょう。しかし、会社の中には駄目と決まったわけではないぞ、という人たちが必ずいたに違いありません。だからこそそれから十数年後に、日本の自動車が世界にどんどん出ていったのだと思います。

別の例を挙げれば、明治維新の時だって、外国人が日本に来た時に、日本人なんていうのは、こたつに入って腰を曲げているような人間たちで、こんな国はとても大したことにならないと、みんな思ったのです。日本の人たちでも、西洋人は体も大きいし、学問も何も進んでいるし、特に工業力——軍艦、大砲——は格段に進んでいる。これは駄目だと思った人もいっぱいいたに違いない。実際、日本以外の有色人種の国々は全部そう思ったわけで、白人の先進国に追いつこうという気を起こした国はなかったわけです。

ところが日本は、「なに、やれば追いつけるさ」と思った人が比較的というか、断然多かったわけです。ですから、どんどん留学生をやって、あっという間に有色人種として先進国に追いついた唯一の国になりました。

それを見ると、ああ、できるのか、というわけで、第二次大戦後いろんなほかの国も、近代化を本気で考え始めたのであって、それは皆、日本がやる前はどこの国も投げていたことなのです。

これは個人の場合でも、皆さん方の周囲でも成功した人、大きな仕事をした人は必ずしも初めからできそうな環境にあった人ばかりではありません。実に多くの人が、その人たちの周囲の人が、そんなことできっこないと投げていた時に、投げなかった人に決まっています。

ですから皆さん方も、そんなことは不可能だよ、というような状況に置かれても、もし万一、それは自分が心から望むものであり、ちらりとでもいいから自分が希望の状況にある姿を思い浮かべ得る瞬間があったら、やってみることをすすめます。そうしますと、常識というものがいかにいい加減なものであるか、やってみれば意外に門が開けて、さらに次から次へと開けるものである、ということを発見するでしょう。

「学芸は長いが、人生は短い」 Art is long, life is short.

若いうちは、自分の人生がほとんど無限に残っているように感じるものです。実際、子供のころは正月が来るのが楽しみで、いつになっても来ないな、来ないなと思うものです。それから小学校の時代も長く、中学の時代も長く、高校の時代も実に実に長く、大学の時代も長いものなのです。

ところがだんだん老齢になるに従って、時間のたつのが大変速く感じられるものです。ところが、やりたいこと、学びたいこと、それはたくさんあるのです。その感じを述べたものとして古代ギリシアの医学の元祖とも、医聖とも言われますヒポクラテスの言葉として伝えられるのに、この言葉があります。これは元来ギリシア語であったものをラテン語に訳して、それをさらに英語に訳してあるのですが、art というのは、この場合「学芸」です。「芸術」と今は訳しますが、昔のラテン語の ars という言葉は、広い意味の「学芸」

と考えていいでしょう。学芸というのはうんと長いのに、人生というのは短いなあ、という嘆きです。したがって若いうちに一生懸命やれということにもなるのですけれども、この嘆きは、どんな人にでもあります。一生懸命やった人であればあるほど、この嘆きは中年以後大きくなると思います。

孔子《こうし》という東洋の聖人がいますが、この人の『論語』の中にも、水を見て「逝く者は斯くの如きかな。昼夜を舎《お》かず」と言っています。あるとき孔子が川の水を見ていたら、水がどんどん流れていく。昼も夜も休まずに流れていく。ああ、行くもの——時間もそうだなあ、と。時間の流れの速さを感じるのみで、自分のやりたいこと、進歩、これは遅々《ちち》として進まないという、そういう嘆きとして私は解釈したいと思うのです。ですから、これを教訓として、若いうちに一生懸命やれ、というふうに解釈するのもよろしいのですけれども、これは一生懸命やった人が、中年以降になって、「ああ、学芸というものは長大だな、それに比べると人生は何と短きことよ」という素直な嘆声として受け取るだけでもよろしいかと思います。

そして、この嘆きが深ければ深いほど、その人の一生は充実したものだったのではないかと、私は裏返しに考えている次第なのです。私なんかも、もう古稀を超えて何年にもなりますが、振り返ってみると、「ああ、あの本も読みたかった。あの言葉も覚えたかった。こういうことも研究してみたかった。ああいうこともっとやってみたかった」、そういうことが山のようにあるのです。しかし、学芸は実に長大であって、時間の流れはますます速く感じるのです。今、我々の年になると孔子の気持ちもわかるし、ヒポクラテスの気持ちもわかるなあ、といったようなものです。

皆さん方は、今、実感しろといっても無理ですけれども、中年になった時に、これが実感できるほどの勉強をしてもらいたいと思います。

「嵐の後になぎが来る」

After a storm comes a calm.

これは「嵐の後になぎが来る」ということですが、ほかにもいろいろな似たようなことわざがあります。「雲の上にはいつも太陽が輝いている」とか「朝の来ない夜はない」とか。苦しい時でも忍べばまたいい時が来るのだよ、という我慢を教えたものです。

これをがらっと変えて一種の悟りのようにしているのに『菜根譚《さいこんたん》』の言葉があります。「風、疎竹《そちく》より来たる。風過ぎて竹は音を留めず。雁《がん》、寒潭《かんたん》を渡る。雁去って潭は影を留めず」。これは、竹やぶの方から風が吹いてきたけれども、風がなくなったら竹が静かになった。澄んだ淵の上を雁が飛んでいった。雁が飛び去ったら、その淵の上には何も残っていない。といったようにいかなることでも、その時が終わったら、その時はその時で、あとは気にとめないのが重要なのである、というようなことを教えた言葉であります。

After a storm comes a calm. も、一種の悟りを教えていることにもなると思うのですね。嵐が来てもそれは過ぎていく。いま曇っていても、上の方は太陽が輝いている。いま夜でも朝が来る、と。それを自分の心というほうから見れば、風が吹けば竹が鳴るように、それは何か苦労がある時は自分の心が動くけれども、それが去れば後、心は元通り。いつまでもくよくよしない。鳥が淵の上を渡れば、その影は淵に映る。しかし鳥が去れば淵は元通り。それと同じように、楽観的であることを教えるのが初めに掲げた英語の諺《ことわざ》ですが、それを裏返しにして、辛いことは長く続かないのだから、いつまでもくよくよするな、というふうな解釈にも持っていくことができるのではないかと思います。

試験の前なんかは、いろいろごたごたしていますが、試験が終わればまた楽しい時も来るよ、というようなこともあります。試験は試験でそれは来る。来たときは来た時で、それが終わったら、点数が悪くてもくよくよしない。そういうように心を持っていくこともできると思います。

このようなことは、普通の人に言えば、いずれもわかることなのです。ところが意外にわからない人もいるのですね。以前に二件ばかり自殺した人のケースに出合いましたが、いずれも、今いった嵐みたいなものの後にはなぎが来るはずなのに早まってしまった。そもそも嵐であるかどうかもわからないように第三者には見えるものが、本人には終わることのない嵐のように見えたのかもしれません。その嵐が終わったらまた心は静かになれるはずなのに、終わらないと感ずるような人もいるようです。そういうのは心が病《や》んでいる時だと思いますね。

しかし、本当に心の病気になれば、お医者さんにかかるより仕方がありませんけれども、普通の人は常にこのようなことわざを心に浮かべ、こういう言葉を繰り返していると、やはり心がそのようになって、抵抗力が出来てくるのではないか。そして、心が明るくなる、あるいは疲れないようになる。そういうような境地に達するようにも思います。実際、老年になって朗らかな顔をしている人は、嵐がうんと多かった人の場合が少なくない。そういう人たちは、嵐は多かったけれども、次になぎが来ることも知っており、どんな苦労が来ても、それは飛ぶ鳥が去ってしまえば澄んだ淵は元と同じだ、というようなことをいつの間にか知っているので、苦労が多かったのにどこにも苦労の影を残さない、というふうになったと思います。

客観的には、そんなに苦労もしてなさそうな人が非常に深刻な顔をしておる。あるいはそれに耐え切れなくなったりする。いずれもそれは客観的な問題ではなくて心の問題です。簡単な、このようなことわざに言われるようなことを身につけることが、非常に難しい修養書を読んだり、大部なお経を読むよりも、時としては力があるようにも思われます。皆さん方も暇があったら時々思い出すことをおすすめします。

「ゆっくり急げ」

Make haste slowly.

昔ある人が秘書に「この仕事は急ぎの仕事だからゆっくりやってください」と言ったという話があります。これは、急ぐとろくなことはない、むしろゆっくりやったほうが早くなる、ということも教えています。結局、遠回りなようだけれども、丁寧にゆっくりやったほうが早く成果が上がる、ということになるのだと思います。

我々が子供のころは、弁慶《べんけい》と義経《よしつね》の続飯《そくい》の作り方という話を聞かされました。続飯というのは飯粒をつぶした糊《のり》です。御飯をつぶして多少水を混ぜながらのりをつくる。これは非常にすばらしい接着剤で、高度の木工細工なんかも、膠《にかわ》が使えないところでもこれだとくっつく、というようなことがありました。

その話なんですが、その続飯を作るときに、弁慶は鉄の棒を出して、ごしごしつぶし出した。初めのうちは景気よくつぶれたように見えましたけれども、いつまでも飯粒が残っている。ところが義経は一粒ずつつぶしていって、いつの間にか大量の続飯が出来た。そういうような話だったと思います。

実際、弁慶と義経がそんな続飯を作るのを一緒にやるわけがないのですが、それはいかにも力持ちがばりばりやるのと、一つ一つ丁寧にやるのとを際立たせるために、そんな話を作ったのでしょう。

また、難しい漢文のことわざに「行くに径《けい》によらず」ということを教えられました。それは、行く場合にはあまり変な小道（径）の近道をしないことだ。大きい道を行け。ということなのです。これは、小さい道を行くと途中で消えておったり、邪魔があったりする。それよりも少し遠回りでも、たんたんたる大道を歩け。こういうようなことを教えられたものでした。

これは何につけても言えることで、たとえば急に若いうちから金持ちになろうと思ったら、財テクでやるより仕方がない。投機で成功するようなことがありますけれども、これは確率上大部分の人が失敗することになっています。それよりは手堅い仕事に就いて、確実にお客さんを増やす。そして手堅くまた利益をあげて、それを積んでいくというのが、一番簡単な方法である。こういうことだと思うのです。

少しこじつけめきますけれども、日本の経済の強さと、アメリカの経済のもろさは、意外にそういうところにあるのではないかと言われています。というのは、今のアメリカのビジネススクールの特徴は、財務諸表をいじくってさっと手早くもうけることを教える。そのためには、会社を買ったり売ったり、そういうことをやる。そういうのがうまい人が、わりと若くて偉くなるということでした。確かにそうすればもうかったりするらしいのですけれども、ふと気がついてみたら、地道に、機械に改良に改良を重ねて市場を守る、市場で勝つ。そういうような気質が、いつの間にか抜けて、気がついてみたら、自動車なんかでもすっかり技術革新が遅れておったというようなことで、多少アメリカでも反省が起こったのです。一時はアメリカをも圧倒するばかりであった日本経済がおかしくなったのは、バブルの時に一攫《いっかく》千金の風潮が起こり、堅実を基本とすべき銀行までが「急いでもうけよう」として土地投機などに手を出したからです。

これは、一言で言えば堅実にやっていくということでしょうが、こういうことは長い歴史、あるいは長い人生を振り返ってみれば大体わかることですが、若いころは何となくゆっくりしてる暇がないように感ずるものです。わからない学科があったら、めちゃくちゃにわかろうとするよりは、一年か半年前に戻って、わからなくなったところから、一つずつまたやり直したほうが早いというのも、そのようなこととして考えてみるのもよろしいかと思います。

「時間厳守は王侯の礼儀である」

Punctuality is the politeness of kings.

王様ですから、人をいくら待たせたって、あまり文句は出ないのですが、時間を守るということは王様でも守らなくてはならない礼儀なのだと考えてよいと思います。

実際、昔は何かをやるといっても、いい加減な時間で、「どこそこ時間」と言ったりして、一向に時間も守らなかったこともあったようです。しかし、自然に、日本では時間が確実に守られるようになってきたように思います。時間にルーズな集まりというのは、だんだん少なくなりました。それは、次の予定もきっちり決まっている人がどんどん増えてきたからで、時間をきっちり守らないと次のこともできなくなるということになるからです。したがって時間を守らないということは、ほかの人にも大変迷惑をかける、そういうことが浸透してきたと思うのです。

韓国のある方が日本のことをいろいろ調査に来た。いろんな伝手《つて》を求めて、いろんな人に会うスケジュールを作った。何日間か日本にいて回っている間に、どこへ行ってもいかなる時でも、定められた時間には会う人が必ず現れた、といって感嘆していたのを読んだことがあります。このように時間厳守は尊敬を得る一つの道だと思うのです。

昔、私たちがイギリスに行った時も、第一に教えられたことは、決して人に招かれても時間に遅れるな、ということでした。また、そう早く行ってもいけないんだ、ということも教えられました。それで、私なんかは気を遣ってそこのうちの近所に行って、少し早く行き過ぎればしばらく近くの喫茶店なんかで待っていて、時間きっちりぐらいにベルを押そうとすると、確かにそこに招かれている人たちが、ほとんど数秒の差でみんなぱーっと集まってくるので、びっくりしたことがありました。考えてみると、パーティとか何かが遅れるのも大変迷惑だし、また早く来られても準備するほうでも参る、ということをよく知っていたものと思います。

これなども、明治のころにイギリスに限らず先進国に行った日本人たちが、いずれも感銘を受けて帰ってきたことだと思います。

『西国立志編』つまり『自助論』という名著を書いたサミュエル・スマイルズもこのことをよく引用して「時間を守ることは紳士にとっては義務であり、実業家にとっては、それは欠くべからざることだ」と言っていました。（当時の）紳士のクラスですと商売をするわけではないから、多少サボってもどうということはないにせよ、義務として時間を守るべきである。ビジネスマンにとっては、それをやらなくては仕事にならない、ということだろうと思います。

これは日本人が明治以後に学んだのにもかかわらず、今では本場よりもよく守るようになったのだろうと思います。日本の商品が世界で強すぎて、至る所で摩擦を起こすということがあったのですが、日本にそれほど好感を持っていない人でも、取り引き先となると、品渡しが確実、期限どおりにきちっと品物が届くということを、日本の会社は必ず守るので、どうしても輸入せざるを得ないということがあったようです。

ということは、先進国で、かつては日本に時間厳守を教えた国が多少ルースになっているということです。その点は、日本はよく学び、今日の繁栄も意外にその大きな部分が時間厳守というところにあったということがわかるのです。

「簡単になる以前には何でも難しい」

All things are difficult before they are easy.

「簡単になる以前には何でも難しいんだ」というわかりきったことを、おもしろい言い方をしたわけです。実際、最初自転車などに乗るのを、自転車を知らない人が見た場合は信じられないようなことだったと思いますが、しばらく練習すれば大変簡単なわけです。確かに練習しないうちは難しそうに見えたことも練習すれば易しくなるということは、広く知られた経験です。

Pracitce makes perfect.（練習に練習を重ねれば完全になる）というのもよく知られたことわざです。勉強においても同じで、たとえば英語にしろ、初めのうちは何が何だかさっぱりわからない。それがある程度やっていると、だんだんおぼろげにわかってきて、いつの間にかそれが楽しみになるということもあります。あとは意識しなくてもわかるというところまでいくようにもなりますし、これは数学でも同じことでしょう。初めはどこから手をつけていいかわからないような問題でも、類似の問題をいくつも解いて解いて解きまくっているうちに、もう、こうすればすぐわかるんだな、ということが解き始める前からさっとわかるようになる。こういうことだろうと思うのです。

それが極端まで行ったのが動物における本能である、という説もあります。これは何とかというハチがクモを攻撃する話なのです。そのハチはわざわざクモの巣にかかるのですが、そのクモが近づくと必ずそのハチは刺す。クモの胴の第何関節かを刺す。一遍でそのクモはのびてしまう。そのハチはクモをえじきにする。こういうハチがあるのだそうです。刺しそこねるハチがいるかというと、これはいないのです。しかし、クモを食べるというそのハチの種類ができるまでには、何万年かの間に、何千万のハチが食われ食われてそうなったのであろうと言われているわけです。

人間の場合は、そのハチのように何万年かで出来上がった本能を、習わずして身につけることはないわけです。人間は本能の極端に少ない状況で生まれるわけですから、ほかの動物や昆虫などでは生まれつき身につけたものを、人間は一つ一つ自分の意志でもって身につけていかなければならないということがあります。

また逆に言えば、ほかの動物や昆虫だと、あらかじめ出来上がっていますから、習って可能性を広げるという枠が非常に小さいわけです。昆虫の場合は全然ありませんし、高等動物ほど習って身につける範囲は広がりますが、限界があります。

ところが人間の場合は、本能的に動く面が極端に少ないだけに、習う可能性、できそうにないことができるという可能性がほとんど無限に広いという存在です。

皆さん方にとっては、あるいは人間にとっては、初めから易しいものは何もない、と言ってもよろしいのです。何も易しいものはないのですから、まず自分のやりたいことを決めることが大切です。難しいからどうのということは後回しにして、まずやりたいことを考えて、それに習熟するように努力する。その目的を達成するために自らを鍛える。これが人間的な正しいアプローチの仕方というものではあるまいか、と思うわけです。

「正直は最善の政策」

Honesty is the best policy.

「正直」のような倫理的な問題をpolicyと言うのはいかがかという文句を読んだことがありますが、あまり難しく考えなくてもいいでしょう。

あれこれ嘘を考えるよりも、正直にしたほうが物事はうまくいくことが多い。普通の頭の人間が、いろいろ嘘を考えても、そのうちばれるに決まっているし、言われたほうはいい気持ちはしないし、それはいい問題解決策ではない。

長い間に、嘘というものは大体ばれるものです。ですから、嘘をついてその場をしのいだとしても、結局、損になる。そのうち、あいつは嘘をつくやつだ、という評判が立ったほうが、言ったことが信じてもらえなくていろんな面で損をする。結局、いいやり方ではないということです。

これはイギリスで出来たことわざですけれども、イギリス人は、少なくとも国民同士では、お互いに嘘をつかないということが、極めて深く浸透した社会にいると思います。

私が最初にイギリスに留学したのは、今からちょうど五〇年ぐらい前のことですが、冗談みたいなことを言っても「あ、そうですか」と言って、その通り受け取ってしまうことが、どこへ行っても浸透していました。「え、ほんと?」とか「うっそー」というような反応は、絶対になかったことが印象的です。

ですから、古本屋なんかに行っても、三階ぐらいまで古本がいっぱいあって、そして一番下の方にその店のおじさんがいるんですけれども、私たちが入っても、顔を上げるでもないし、何か帳面を見たりしているわけです。鞄を持って入っていくんですから、いくらでも泥棒できそうなのですが、みんな嘘を言わないし、ごまかさないという建て前になっているところでは、そういうものは全然できないものである、ということを私は実感したことがあります。

ただ、最近はイギリスも社会全体としては良くなくなったのではないかな、と思われるのは、古本屋も大体いい古本屋は田舎へ逃げ出してしまったことです。それは、ひとつは万引きが多くなった。ここ三〇年ぐらいの間に万引きが急速に増えてきたということを聞きました。今は高価な古書はカタログ販売が中心で、先約でもしないと店に入れてもらえません。

正直のほうも、そうなればやはり少し揺らいできたのではないかとも思いますが、それでも、個人対個人の関係でイギリス人は、嘘を言ったり言われたりするということはまずない、というのがひとつの雰囲気になっています。長い目で見ると、良き時代のイギリスが国際商業、貿易で非常に信用を得たということが、ひとつの理由になっていると思います。

ただ、「正直は最善の政策」を愚かに適用して、何でもかんでもぶちまければいいんだとなると、これは危険です。嘘は言わない。しかし知っていることをみんな言う必要もない。ですから、どうしても正直を守らなくてはならない時、しかも言いたくないという時は、嘘を言わないで黙っているという、そういう知恵を、これと組み合わせて持ってもらいたいものです。

「意志のあるところには方法がある」

Where there's a will, there's a way.

W と W —— will と way、それから there's を二つつけた、非常に symmetrical（均整的）なことわざです。

やる気がない人は、やらないための理由を探すのに反し、やる気のある人は、やるための理由を探す。これは非常に大きな人生の相違になると思うのです。

人間誰しも、やらないための理由とか、そんなことできっこないというような理由を探すならば、半ダースでも何ダースでも、それこそトラックに積むぐらいのやらないための口実が見つかると思います。しかし、それを見つけて何になるかといえば、何にもならないのです。

むしろ、道はあるのだと思って努力すれば、ほんとにやる気があれば、すなわち will があれば、結局それに応じた way があるということだと思うのです。

私と同じ年齢の知人で、国際的な大会社の社長、次いで会長になったK氏という人がいます。この方の逸話にこういうのがあります。

四〇年以上も前、アメリカの支店長をやっている時に、その会社の実力者の会長さんが日本から来ました。もちろん年寄りです。財界の大物、しかもワンマン、わがままで有名な人でした。その方が夜になって、突如、まんじゅうを食いたいと言いだしました。夜九時過ぎのアメリカの街に、まんじゅうなどあるわけはありません。しかし、その人は考えました。そして部下に指示して、中国料理屋を探させました。そしたら、やはり、マントー（饅頭）、あんが入っているまんじゅうがあったわけです。

それを買って、会長に持っていったところ、その会長さんは年寄りで、しかもしばらく日本の食事がない状態で旅行していましたので――というのは、今と違ってそのころは、日本食なんかそれほど普及していなかったわけです――まんじゅうを見たとたんに、いきなり食らいつき、しかも二つの手で握って、交互にかみついたと言われます。

こんなのは、実力者の会長のわがままのエピソードとしてもとれますけれども、そんな時でもまんじゅうをみつける方法を探すという気働きがK氏にはあったことです。それがなければ、おそらくどの商売でもうまくいかないと思うのです。

むちゃくちゃなような注文だけれども、探そうと思えば探す方法が見つかる。今から四〇年以上も前のアメリカの夜に、まんじゅうを食べたいと言ったおじいさんに、まんじゅうを見つけてあげる頭があれば、実際の仕事の時でも、いろんなお客さんからの無理とも言える注文もこなせるのです。

いくらワンマンであろうと、長い間実業界に君臨してきた人は、人を見る目があるわけですから、K氏は抜擢《ばってき》に抜擢されて、いま国際的大会社の代表取締役会長で、しかもその会社は毎年数パーセント以上の伸び方をしていると聞いています。

皆さん方も、何かある時は、やらないため、あるいはやれないための理由を探さないで、やるための理由、すなわちwillを持ちましょう。そうすればおそらくwayも見つかることでありましょう。

「最善を期待し、最悪に備えよ」

Hope for the best and prepare for the worst.

いいことを考えていると、あるいはいいことを期待していると、いいことが生じてくるということは、多くの成功をした人の体験が教えるところです。

あるアメリカの作家で、幸運の研究をした人がいます。幸運を呼ぶ人の特徴として、英語ではexpectantという言葉を使っています。expectant attitude of mind（期待に満ちた心の態度）、これを持った人が、幸運にめぐまれた人の共通の特徴である、と言っています。

幸運というのは、目に見えてこれが幸運といったようなものではなくて、何かいいことを考えていると、あ、それだ、というのが見つかるような種類のものだと思うのです。

同じことでも幸運、そのチャンスがあるのに、幸運を期待していない、expectantな心的状態にない人にはそれが見えないし、感じられない。しかし、絶えず、一番いいことが起こるんだ、ということを期待した気持ちでいる人にとっては、それがぴーんと感じるものらしいのです。

だから将来に対しては常に、いいことが自分に起こるのだという期待の気持ちを忘れないで待ち受けてもらいたい。ただし、それだけで終われば、それは虫がいいだけの人間になります。

したがって、虫がいい人間というのは、これは成功のための半分の条件です。もう一つの条件は、悪いこと、これは期待しないのですけれども、悪いことが起こったら、それを切り抜けるためのことを、考えるという能力です。常にいいことが起こるんだと期待しながらも、一番悪いことが起こったらどうするか、そのための、手を打つだけの心の働きを持たなければならない。

悪いことが起こるのではなかろうか、起こるのではなかろうかと、びくびくするのとは全く逆なのです。悪いことが起こる前に悪いことに備える手段を考えておくことは、びくびくするわけではありませんので、実効のある手を考えることができるわけです。

このことわざはしたがって、まず、虫がいいと言われてもいいような、期待に満ちた気持ちで過ごしなさい。ただし、それだけの人間になるなかれ。びくびくしないで、冷静に、最悪の場合も、起こる前に、ずっと前から、それにも手を打つような人間になりなさい。こういうことだと思うのです。

「間違いをしない者は何もしない」

He who makes no mistakes makes nothing.

もちろん、何もしなければ、失敗が起こるわけはありません。しかし、それが人生における一番大きな失敗なのです。

人間は、もちろんなるべく失敗は避けるように考えるべきですけれども、まったく失敗を起こすまい、などと思ったら、不動金縛りの術にかかったみたいに、思うことが何もできないわけです。

人間の成功には、必要なコースとして、いくつかの誤りがあると思ったほうが、むしろ正しいとも言えるのです。簡単な話ですが、始めから計算の間違いは絶対起こさないんだと言ったら、これは、そろばんでも数学でも、うまくなるわけはありません。それから、絶対に文法の間違いを起こすまい、などと考えると、これは英会話などは絶対、金輪際《こんりんざい》うまくならないのです。

ただ、昔の日本の英語教育では、筆記試験が主だったものですから、過ちを犯さないことのほうにウエイトがかかって、過ちを犯しながら覚えていくともいうべき会話では、非常に不得意な人を多く生み出したことは確かです。大体、外国への旅行団の中でも、英語の先生の団体が一番会話が下手だということが言われています。それは、英語の先生はいっぱい英語の試験を受けてきたために、過ちを犯すまいという mentality（心的態度）がしみついているからです。

特に、過ちというものは、学校にいる間にたくさん犯すべきです。学校にいる間なら、計算をいくら間違っても、特に教室の中ではいくら間違っても、どうということはありません。

そして、過ちをたくさん人より早く犯してしまって、実際の重要な場合に少なく過ちを起こすようにすべきなのです。ですから、若いうちの過ちは買ってもやるべきです。わざわざ過ちをする必要はありませんけれども、過ちを恐れるというよりは、とにかくやってみる。過ちを犯しても恐れずに、それが正確に至るもとであるという、積極的な心構えが若者の道です。

英語をうまくなろうとする人はまず、過ちを恐れないでください。赤ん坊というものは、どんな変な過ちを犯すかということを、心配しないでしゃべり始めています。ですから、どこの国でも、そこの国に生まれた人は、言葉を覚えてしまいます。それは、過ちを犯すなんていうことを心配する気持ちが起こる前に、覚えてしまうからです。赤ん坊はたくさん過ちを犯し続けますが、そのうち正しい言い方を覚えてしまうわけです。

ただ、成人になりますと、試験をくぐるたびに、それを恐れる気持ちが大きくなりすぎて、結局、積極性を失わせる。積極性を失ったら、元も子もない。これが、過ちを恐れる者は何もしない、ということの意味です。

「牛は角をつかまえなければならぬ」

The bull must be taken by the horns.

牛と闘牛場で闘うということは、古代からあったことです。儀式的に牛を殺すということは、異教の時代からの大きな行事に、常に加わっていました。いま残っているのはスペインの闘牛ぐらいのものですが、ローマ時代にも、またそれよりもっと昔にもあったようです。

牛の武器というのは角です。角にかけられれば大体死ぬわけで、何年か前にもスペインで、それでやられた闘牛士がいました。では、牛の武器である角を振り立てて牛がやって来た場合にどうするか。逃げ回れば結局つかまったりするのですが、その時の手は一つなんですね。頭を下げてくる牛の角をつかんで、そのつかみ方が弱ければ、はね上げられたり、振り切られるわけですけれども、その敵の武器である角をぐっと押さえて、ぐいぐい押さえて倒してしまう。倒せば勝ちというのが昔からのしきたりです。確か「サムソンとデリラ」という映画でも、サムソンが牛の角をつかんで倒すという場面があったと思います。

そのイメージから、一番危ない物の、その一番危ない武器のところにがんと当たって、そこを使って一転させる。これが、危険が起きたときの対処法の一番正統な道である、というようなことわざが生じたわけです。

こちゃこちゃ小策を弄しても駄目で、真正面からぶつかるよりしょうがないんだ、というのが人生の中ではしばしばあります。

たとえば学生の場合には試験というのがあります。その中には不得意な学科もあります。そのときにどうするかといったら、山を掛けても駄目だし、まあ何とかいくんではなかろうかと、わからないところをいいかげんに答えだけ覚えても駄目なんですね。たとえば数学がわからなかったら、一年前ぐらいまでさかのぼって、きっちりやるよりしようがない。そうすれば非常にわかりやすくなるというのが、よく体験されるわけです。

文豪の夏目漱石も初めは英語や数学が嫌いで、旧制一高に入っても、そのために落第したことさえもあったようです。そのときに漱石は数学を、本当に基礎からやり直したら大変よくわかるようになった、というようなことを言っています。

また、英語の場合も同じような経験をしているようです。すなわち英語というのはよくわからないのだけれども、それをいいかげんに、わかったようなわからないようなやり方でいくら積んでも駄目なんで、英語はわからなかったら、少し基礎のところまで引き下がって、丁寧に文法から積み上げていけばわかるというわけです。学科から逃げても、決してわかるようにならない。一番わかる方法は、がんとぶつかって、きちっと勉強することである、ということだと思うのです。

これは学校でよくあることですが、社会へ出ても、いろんな問題があるときに、真正面からただぶち当たっただけでは闘牛では殺されてしまいますけれども、十分ぶち当たれるような実力を蓄えておいてぶち当たるのが、一番の正攻法だということです。

何年か前の例で言いますと、アメリカは日本との貿易赤字が大変大きいので、日本にいろいろ注文をつけてきました。円を切り上げさせてみたり、いろんなことをしているのですが、いっこうに赤字は減りません。そのころアメリカは一か月に総額一〇七億ドル以上、すなわち日本円に直せば、一兆数千億円以上という赤字を出したこともあります。

これはもう、専門家に言わせますと、じたばたしたって駄目で、アメリカが赤字を解決するには、アメリカで輸出するような機械を作れるように、もう一度、産業をきっちりするより仕方がない。財テクばかりに走って、合併だとか、会社を売ったとか買ったとかいう、金もうけをしているうちに、肝心の根本的な技術改革だとか、従業員に対する徹底的なquality control（品質管理）とかがおろそかになったので駄目なのである、というようなことをよく指摘されました。それでアメリカの大学もmade in Japan（日本製）の徹底的研究をやって対策を立てたのです。

アメリカが日本に、アンフェアだとか何だとか、がたがた文句言っても、結局それは牛の角をつかまえてないことになる。ほんとに赤字を解消するのならば、もう一度牛の角をつかむ力を養うこと、すなわち日本製品と品質においても劣らない物を作る、そういう工場や労働者をつくることから始めなければならない。そういうことも、このことわざに当てはまるわけですが、残念ながら、一時は当のこのことわざがある国で、それを忘れられていたのでした。

「最後に笑う者が一番よく笑う」

He laughs best who laughs last.

私たちの田舎のほうでは「最後の笑いが本笑い」というようなことわざがありました。偶然同じことわざになったのか、英語のがいつの間にか変わってそうなったのかわかりません。

ばくちなんかでも最初勝てば、勝った、勝ったと言って喜ぶでしょうけれども、そのばくちの終わりに負ければすってんてんということがあるわけで、終わる時に勝っているのが一番いいわけです。

それと同じように、人生においても、最初の調子がいいよりは、最後がいいほうがいいわけです。幼稚園の時はものすごくできる子供であった、なんていっても、小学校で悪ければ大したことはありません。小学校では良かった、といっても、中学校で悪ければ駄目だし、中学で良かった、といっても、高等学校で駄目なら駄目だし……。高等学校で良くても、大学は駄目だった人もいるし……。大学では良かったけれども人生では駄目だったという人も、これはまた、掃《は》いて捨てるほどいるわけです。

同じ人生でも、会社に勤めましても、平社員の時はいい平社員だったけれども係長になったら駄目だ、というようなこともあります。最初のころは語学ができたりして、社長に気に入られて平社員なのに社長のお供をして外国を回った、なんていう人がいたけれども、そのうちそれっきりになってしまったとか、そういう人もいないわけではありません。

ところが最初はどうということはなかったけれども、じりじりと認められて、五〇、六〇になったころから押しも押されもせぬふうになるという、これが一番いい形です。

ですから、実業の世界でも、青年実業家などと言って、経済雑誌に成功者としてたたえられながらも、それからわずか数年してすってんころりん破産という例も、これも実にまた多いのです。

その点、老年になっても、少しも世の中の尊敬が落ちない人がいるわけで、そういう人たちが最後に笑う者です。

以前、私はこれと似たような意味の言葉を見つけました。それはLaffer's last laugh（ラッファーの最後の笑い）というのでした。一九八七年の三月一五日、イギリスの内閣が画期的な減税をやりました。最高税率が四〇パーセントというものでした。それほど思い切って税率をサッチャー内閣が下げてきたにもかかわらず、財政は黒字でした。税金を下げればかえって税金の収入が増えるというのが、ラッファーという学者の説でしたが、これはレーガン政権が試して失敗したわけです。なぜかというと、税金は下げたけれども無駄な補助金などをレーガンは切りそこねました。それですっかり赤字が大きくなって、ラッファーも笑われたわけです。

ところがサッチャー内閣の場合は、支出も十分切りましたので、ラッファーの学説通りに、税金が下がって財政は黒字という奇跡みたいなことが起こったわけです。

そのことを述べた時に、ロンドンのThe Economistという権威ある週刊経済雑誌にはLaffer's last laughという記事が書いてありました。その表題を見ても、このことわざが源になっていることが、よくわかるわけです。

このように、英語の雑誌や書物を読みますと、みんなが知っているようなことわざのバリエーションがタイトルとして出たり、何気なく挿入されたりしていることが、よくあります。皆さん方はいろいろなことを言われても、最後に笑う者になってもらいたいと思います。

「歳月人を待たず」

Time and tide wait for no man.

time と tide は、ほんとは語根が同じなのです。time の ti と tide の ti は、これは one two three の two とおそらく同じものだったと考えられます。two も二つに分けるという意味で、[t] というのは「切る」ような感じの時に使ったらしいのです。ですから、「時を刻む」の ticktack の ti と通ずるものがあります。日本の「時」と通ずるかもしれません。タッ、タッ、タッ、というような感じだと思います。

いろんな種類の語尾がありますが、その語尾に、[m] という音が来た場合は「時間」になり、[d] が来た場合は「潮」としたわけですが、元来が同じ意味ですから、ドイツ語では今でも「時間」のことを Zeit「ツァイト」と言います。元来 Zeit は全く tide と同じ言葉で、t が z になり、d が t になっただけです。つまり time と tide は全く同一語源で同じ意味であったと考えてもよろしいでしょう。そのうち、潮の満ち干は非常にレギュラーなので、tideのほうが潮の満ち干だけに使われるようになったのは、むしろ英語の特色と考えてもよろしいと思います。

「時は人を待たない」ということは、誰しも実感することです。ぐずぐずしているうちに時間がどんどんたつということは、誰でも体験します。

これが、人生の暮れと言うべき、五〇過ぎ、六〇ぐらいになると、さらにそれを実感することが多いと思います。

東洋でも孔子は、あるとき川のそばに立って、こう言ったといいます。「逝くものは斯の如きかな。昼夜を舎《お》かず」と。行くものというのは、流れていく川です。行くものですから、川の流れ、時の流れと言ってもいいのですが、人生はこういうものだな、朝も昼も休みなく流れていく、と孔子は嘆声を発したのです。

これを、休む暇なく勉強すべきである、といったのはむしろ誤ったこじつけでして、本当は休まずに流れていく川、休まずに流れていく時、それを見た老齢の孔子の感慨だったのでしょう。孔子というのは、生きている間は、一番望んだ仕事は何もできませんでした。達成しなかったから、自分も年老いたな、という感慨だろうと思います。

このことは、それぞれの人がそれぞれの時に感じることだろうと思うのです。学生のころですと夏休みがあります。四〇日の夏休みのうち、最初の一週間ぐらいは、実に時間がいっぱいあるような気がします。中ごろになりますと何かうんと足りなくなって、三〇日が過ぎ、三五日ともなれば、時間の流れは、ほんとは同じ速さなのに、どんどん猛烈に速くなったように感ずるわけです。宿題ができてない場合など、時間は待ってくれないんだ、ということを、夏休みごとに、人は体験するのです。

受験勉強の時も、まだ何か月あるなんて言っているうちに、あれよあれよと日がたってしまうというようなこともまた、体験することです。

我々の年ごろになると、さらに大きな人生という立場から実感されるものです。孔子の気持ちもそれなりにわかるような気がするものです。あれもやりたい、これもやりたいと思っているうちに、頭がはげたり、白くなったりするものです。

定年退職になったら奥さんと旅行してみようとか、あるいは定年退職になったら本を読もうなどと言って、待っている人もいます。ところが時は一切待たずに人間を老化せしめて、実際そうなってみましたら、奥さんと旅行しようとしても脚があまり動かなくて、外国旅行などといっても、もう飛行機には乗れないとか、あるいは年を取ってるからもう西洋の食物は食べたくないとか、あるいは本を読もうと思っても、年を取って頭に入らなくなっているとか、いろいろあるのであって、時間は待ってくれないのですから、先に延ばして、その時になったらなどとばかり言っていると何をするにも遅いのです。

ですから皆さん方も、大学に入ったら勉強しようとか、実社会に出たら何とかしよう、などと言ってばかりいると、いつの間にかこれということができないままで終わってしまうことがあるでしょう。

語学も、やろうと思うなら早くやらなくては駄目です。というのは刻一刻と、語学をマスターする能力は落ちていくのです。新しい語学をマスターできるのは、ぎりぎり二〇歳ぐらい。あと、特別の努力と特別の才能があれば、三〇ぐらいまでもう一つぐらいマスターできるかもしれない、といったようなものです。若いうちの一週間の勉強は、二〇歳過ぎのひと月あるいは半年以上にも勝るかもしれません。

時間のほうが待たないのですから、皆さん方も待たせないで、やれることは今すぐやるというような態度でいけば、それぞれの人の人生の終わりに近づいた時の悔いが少ないでしょう。

「道はローマに通ず」

All roads lead to Rome.

ローマはヨーロッパで初めて出来た大帝国です。その前にもギリシア文化とかあるけれども、小さい都市国家で、今で言えば大きな大学ぐらい、つまり人口せいぜい二万人ぐらいの都市だったのです。ところがローマとなると、実に地中海沿岸から今のイベリア半島、ゴールと言われたフランス、ゲルマニアと言われたドイツ、ブリタニアと言われたイギリスなどまで、全部道が通じたわけです。さらにギリシア、今のブルガリア方面、あるいはイスラエルまで、全部道をつけたわけです。

この道というのが、ローマ人の文化の大きな特色の一つと考えられています。というのは、ローマはそれだけの大きな帝国でしたので、どこで戦争が起こるかわかりません。そのとき迅速に兵隊を確実に動かし、運ぶ、というのが一番確実な帝国維持の方法だったわけです。

今でも、ヨーロッパにシュトラスブルクという名の町があります。シュトラスブルクのシュトラスは、street と同じことで、舗装した道です。ブルクは町です。つまり「道路の町」という意味です。舗装されたローマの道がシュトラスブルクの辺りで大きく交差する。北の方に行けばゲルマニア、南へ下ればイタリア、西に進めばフランスというような道でした。

イギリスにも、ローマ人の作った古い道路が今でもあります。私はその道を自転車で多少旅行したことがありますが、全くそのままほうっておいたわけではないでしょうけど、今でも自転車などで快適に走れます。しかも一番景色のいいところを通るようになっています。それは当然、軍隊を動かすときには待ち伏せなどを受けては困るので、見晴らしのいいところを歩くといいわけで、結局後の世になっても、一番使いいい道になったわけです。

道に対するセンスも大変あって、イギリスにおける最初のローマ道路は、ロンドンからチェスターまでですが、これは戦後にイギリスが高速道路を作るときも、最初の高速道路は、そこをつなぐように作ったそうです。

このようなわけで、ローマというのは道路によってもつ、ということでした。その大きな立派な道路をどんどん歩いていくと、みんなローマに行ってしまうということで、いつの間にか道はローマに通ず、ということになって、いろんな道を歩けば終局的には、みんなローマに行くのだ、ということで、手段は違うけども目的は同じというふうに展開していきました。

これは、日本のことわざで言えば「分け登る　ふもとの道の多けれど　同じ高嶺の　月を見るかな」という和歌に匹敵することわざになりました。日本のほうでも、道は京都に通ずる、というようなのもあったと思いますけれども、ただ、日本の場合は道路は舗装されていませんので、幕末に至っても大八車が通れる街道一つなかったわけですから、道路の意識は少なかったのでしょう。それで、そのイメージが、山のふもとの道と月という西行《さい》《ぎょう》もどきのイメージになったわけです。

山のふもとにはいろいろな道があるけれども、結局峯《みね》まで登れば最終的には同じ月を眺めるようになるのである。同じように、人生においてもいろんな仕事、いろんな営みがあるけれども、究極的には同じ悟りに至るのであるとか。宗教はいろいろあるけれども、結局同じ仏様に至るのであるとか。そういうふうに日本ではむしろ、違った宗教、違った職業でも、究極目的は同じなんだ、というようなことに使われるようになってきているわけです。

結局、最初のイメージが、ヨーロッパではローマとその道路、日本ではお月さんと山の上とふもとの道というようなことですが、東西、イメージは違うけれども、同じようなことわざが出るものであるということの、一つの例になりましょう。

皆さん方も、これからどのような道に入っていかれるか知りませんが、結局今の言葉で言えば「より良き自己実現」とか「より良き社会のメンバーになる」といったような意味で、それぞれ同じ目標に至るものである、というふうにも使うことができましょう。

「すべての人は、美徳が同時に欠点になっている」

Every man has the defects of his own virtues.

美点というのは非常にいいから美点なのですけれども、それがとりもなおさず欠点となる人も多いことを言っているわけです。

たとえば、自分は非常に正直だと、正直を自慢している人がいます。ところが本当は、正直なことを言ってはいけないということもあるわけですが、自分は正直者なんだと言って、場所柄もわきまえずに正直を振り回されると、非常に迷惑を被《こうむ》る、などということもあります。それから、非常に思いやりが深い人がいます。思いやりが深いのはいいけれど、私の知人の奥さんの場合、何でも人にやってしまう。それでだんなさんが弱っているという例もあります。情け深さのために近親者が迷惑しているという例もたくさんあるわけです。

それから、非常に優しい上司。優しいことはいいのですけれども、あまり優しいものだから部下が全然言うことを聞かなくて、威令行われず、などということもある。逆に、非常に厳しくてきっちりやるのだけれども、部下の心は離れているという場合もありましょう。

いずれも、「一長が即、一短になる」場合が多いわけです。それで、よくことわざでは中道、あるいは中庸《ちゅうよう》というものが尊ばれるわけです。

「子は威あって猛《たけ》からず」という孔子の言葉があります。数行続いて、「恭《うやうや》しくして安し」とかまであります。「威あって猛からず」というのは、非常に威厳はあるけれどもたけだけしくない。威厳というものは、しばしばたけだけしくなるものだけれども、孔子という人は、威厳はあったが、その威厳の欠点がなくて、たけだけしくなかったということでしょう。

恭しい人には、非常に礼儀正しくて、気詰まりになるほど恭しい人がいます。一緒にいると肩が張ってしょうがない、などという人がいます。しかし孔子はいつでも恭しい態度だったけれども、そばにいると何となくくつろがせることができる人だった、というようなことを言っています。

これはどういうことかというと、孔子の場合はバランスがとれていて、一つの美徳が欠点にならなかったということを示しているわけで、ちょうどこのことわざを否定するような人であった、ということになります。

人間というものは美徳があると、どうしても美徳に頼るところがあって、美徳が人、あるいは自分を傷つけることがよくあるものです。ですから、自分は正直だと思っても、その正直ということを、万能だと思ってはいけないのだと思うのです。正直はいいのだけれども、正直のために傷つく人はなかろうか、という反省も必要です。少なくとも、嘘は言わないまでも、人を傷つけるようなことは言わないでおくということも必要だと思うのです。

勤勉などということも、実にいいことです。しかし、その勤勉のために迷惑している人があるかもしれません。ところが、勤勉ということはいいことだと思い込めば、ほかのものはすべて見えなくなるわけです。

一つの価値観にコミットすると、見えなくなる例がかなりあるのです。ある農村で、お嫁さんがなかなか来ない。それで、都会から娘さんを呼んで集団見合いを定期的にやったところがあります。しかし、どうもうまくいかない。

その理由を言うと、農村の青年、非常にいい青年は、自分が苦労して農業をしているということを、しばしば、非常に誇りたがる。朝早く起きますよ、と。それから、重い荷物も持ちます。臭い家畜の排泄物《はいせつぶつ》も片付けます。しかも、その近くにはコーヒー屋とか、そういうものを楽しむところもありません。しかし自分は農業を一生懸命やっているのだ、というようなことを、誇りを持って言うわけです。

これは大変立派なのです。virtue（美徳）なんです。ところが、そういう人にお嫁さんが行くかというと、これは、お嫁さんに行くほうから見ると、たまらないということになるわけです。

これもある程度のことで、そんなに朝早く起きなくても――起きなくてはならないような場合もあるだろうけど――起きるのを少し遅くできるような機械を入れるとか、少なくとも臭い物は自動的に処理されるような方法を工夫するとか、またコーヒーは、好きでなければ飲まなくてもいいのだけれども、奥さんがいたら、特に農村の主婦になるような人は、かなり単調な仕事をしなければならないから、暇を作ってでもドライブしてでもコーヒー屋なり何なりに時々行くというようなことを配慮しないといけないと思うのです。美徳に自信のある人は怖いのです。

もっと大きなスケールで言えば、戦前の日本軍の勇敢さがそうでした。日本の兵隊はいかなる命令にも従う。全滅するまでよく戦う。これは実に尊い美徳です。美徳であって、いくら自慢してもいいわけです。ところが司令部がその美徳に頼りきったために、無駄に死なせたという作戦が実に多いわけです。

もしも日本の兵隊が、そんな美徳がなくて、ばかな命令が来たら逃げ出す。あるいは食糧も弾薬も来ないのに守れるか、と言って降参するような兵隊であったらどうだったでしょう。これは死ぬまで何もなくてもがんばるという兵隊としてのvirtueは少ないだけですが、兵隊というのはそういうものだ、兵隊のvirtueはそんなに頼れるものではない、ということが上官にわかっていれば、日本の兵士の多くの悲劇は避け得たと思うのです。これは、上官が下手に兵士の美徳に自信を持ったために、それが即、日本軍自体の欠点になった一つの悲劇だとも思うのです。

学校にしろ、会社にしろ、国家にしろ、すべての面において、美徳即欠点になり得るものである、ということは忘れてならないことだと思います。

あとがき

「少しのことにも先達《せんだつ》はあらまほしき事なり」

と『徒然草《つれづれぐさ》』の中で兼好法師が言っている。何事につけ、案内役になるような先輩があったほうがよいということであるが私もそう思う。運動選手もコーチの指導を受けるし、相撲でも親方や兄弟子が指導する。先達の言葉から何を受け取るか、また、それをどう生かすかはそれぞれの人の器量次第であるが、先達はあった方がよい。

戦国の世には「武者語《がた》り」とか「武者話《ばな》し」という習慣があったという。戦場の体験者が自分の成功談や失敗談など、さまざまの体験を語るのである。それをまだ戦場に出たことのない少年たちが聞く。法螺《ほら》話もあったろうし、誇張もあったろう。しかしそういう話を聞く時の姿勢で少年たちの武士としての資質がわかったと言う。

中・高校生、あるいは大学生でも、まだ戦場に出たことのない若者である。人生は戦場ではないが、先達の経験が役立ちうる場であることは確かである。いい「武者語り」をしてくれる先生や先輩や両親がいる若者は幸運だ。私もそういう恩師たちにめぐまれていた。そのことを本当に幸運だったと思っている。

そのほかに書物によって巡り合った先達もいた。たとえば田中菊雄先生である。この方は中学校にも進学できず、高等小学校中退だったという。家が貧しかったのである。しかし独力で英語を学び、旧制中学の英語教員の資格や旧制高等学校の教員資格を取り、岩波書店の『英和辞典』の執筆者でもあり、戦後は山形大学の教授として尊敬され、学生の人気も高かった。私も中学以後の進学の見込みが家庭の事情で立たなかった頃、田中先生の本を読んで励まされ、人生に対する貴重なヒントも得た。そのほか本多静六博士や幸田露伴博士のような日本人の本、サミュエル・スマイルズやジョン・トッドのような外人の本などで、学ぶためのヒントを得てきた。まことに「先達はあらまほしき事」であった。

今や古稀を超えた私も、若い人たちのために、「学ぶためのヒント」を残すべきではなかろうか。そう考えて以前から書いてあったものを改めて読み直し、補足してみた。この年になって自分の人生を振り返ってみると、いくつか大きな分岐点があったことがわかるが、その中でも最も重要だったのは、高校生の時の進路の選択であったと思う。高校の前では選択肢は極めて狭く限られてしまう。中卒の就職口は種類が少ない。大学に入ってしまうと、専門がきまってしまい、また選択肢が狭くなってくる。選択肢が最も広いのは高校生なのである。多くの高校生は受験勉強に忙しいかも知れないが、広く人生について考える時間も持つべきであろう。大学生にもまだ進路選択の柔軟性は残されている。本書がこれから広く長い人生という「戦場ならざる戦場」に出てゆく若い人たちに役立つ「武者語り」になってくれれば幸いである。

平成十五年十二月

渡部昇一

（この作品『学ぶためのヒント』は、二〇〇四年二月、
新学社から四六判として刊行されたものです）

一〇〇字書評

切り取り線

購買動機（新聞、雑誌名を記入するか、あるいは○をつけてください）

□（　　　　　　　　　　　　）の広告を見て	
□（　　　　　　　　　　　　）の書評を見て	
□ 知人のすすめで	□ タイトルに惹かれて
□ カバーがよかったから	□ 内容が面白そうだから
□ 好きな作家だから	□ 好きな分野の本だから

●最近、最も感銘を受けた作品名をお書きください

●あなたのお好きな作家名をお書きください

●その他、ご要望がありましたらお書きください

住所	〒				
氏名		職業		年齢	
新刊情報等のパソコンメール配信を 希望する・しない	Eメール	※携帯には配信できません			

あなたにお願い

この本の感想を、編集部までお寄せいただけたらありがたく存じます。今後の企画の参考にさせていただきます。Eメールでも結構です。

いただいた「一〇〇字書評」は、新聞・雑誌等に紹介させていただくことがあります。その場合はお礼として特製図書カードを差し上げます。

前ページの原稿用紙に書評をお書きの上、切り取り、左記までお送り下さい。宛先の住所は不要です。

なお、ご記入いただいたお名前、ご住所等は、書評紹介の事前了解、謝礼のお届けのためだけに利用し、そのほかの目的のために利用することはありません。またそのデータを六カ月を超えて保管することもありませんので、ご安心ください。

〒一〇一・八七〇一
祥伝社黄金文庫編集長　萩原貞臣
☎〇三（三二六五）二〇八〇
ohgon@shodensha.co.jp

祥伝社黄金文庫

祥伝社黄金文庫　創刊のことば

「小さくとも輝く知性」――祥伝社黄金文庫はいつの時代にあっても、きらりと光る個性を主張していきます。

真に人間的な価値とは何か、を求めるノン・ブックシリーズの子どもとしてスタートした祥伝社文庫ノンフィクションは、創刊15年を機に、祥伝社黄金文庫として新たな出発をいたします。「豊かで深い知恵と勇気」「大いなる人生の楽しみ」を追求するのが新シリーズの目的です。小さい身なりでも堂々と前進していきます。

黄金文庫をご愛読いただき、ご意見ご希望を編集部までお寄せくださいますよう、お願いいたします。

平成12年（2000年）2月1日　　祥伝社黄金文庫　編集部

学《まな》ぶためのヒント

平成19年2月20日　初版第1刷発行

著者　渡部《わたなべ》昇一《しょういち》

発行者　深澤健一

発行所　祥伝社《しょうでんしゃ》
東京都千代田区神田神保町3-6-5
九段尚学ビル　〒101-8701
☎03（3265）2081（販売部）
☎03（3265）2080（編集部）
☎03（3265）3622（業務部）
印刷所　萩原印刷

製本所　積信堂

ISBN978-4-396-31425-5　C0195

祥伝社のホームページ・http://www.shodensha.co.jp/

祥伝社黄金文庫

斎藤茂太
いくつになっても「輝いている人」の共通点
今日から変われる、ちょっとした工夫と技術。それで健康・快食快眠・笑顔・ボケ知らず！

斎藤茂太
絶対に「自分の非」を認めない困った人たち
「聞いてません」と言い訳、「私のせいじゃない」と開き直る「すみません」が言えない人とのつき合い方。

斎藤茂太
いくつになっても「好かれる人」の理由
人間はいくつになっても人間関係が人生の基本。いい人間関係が保たれている人はいつもイキイキ。

米長邦雄
人間における勝負の研究
将棋界きっての才人である著者が、勝負に不可欠の心得—「雑の精神」「省の精神」について説く。

米長邦雄
人生一手の違い
史上最年長名人となった著者が、「泥沼流」人生哲学によって、「運」をつかむコツ、人生の勝負所を説く。

米長邦雄
碁敵《ごがたき》が泣いて口惜《くや》しがる本
将棋で鍛《きた》え上げられた勝負哲学に裏づけられた囲碁征服のノウハウは秀逸と、藤沢秀行氏が絶賛する名著。

祥伝社黄金文庫

米長邦雄 **運を育てる**

〝勝利の女神〟に好かれる人、嫌われる人…その違いを徹底分析！　この本を読めば運がつく。

米長邦雄　羽生善治 **勉強の仕方**

「得意な戦法を捨てられるか」「定跡否定から革新が生まれる」――読むだけで頭がよくなる天才の対話！

米長邦雄　藤沢秀行 **戦いはこれからだ**

「修羅場で戦ってこそ男」「本当に強くなるための勉強とは何か」斯界の雄・二人が熱く語る！

和田秀樹 **頭をよくする ちょっとした「習慣術」**

「ちょっとした習慣」で能力を伸ばせ！「良い習慣を身につけることが学習進歩の王道」と渡部昇一氏も激賞。

和田秀樹 **人づきあいが楽になる ちょっとした「習慣術」**

上司、部下、異性、家庭…とかく人間関係は難しい？　もう、悩まなくていいんです。

和田秀樹 **お金とツキを呼ぶ ちょっとした「習慣術」**

〝運を科学的につかむ方法〟は存在する！　認知科学が実証する和田式「ツキの好循環モデル」

祥伝社黄金文庫

和田秀樹　会社にいながら年収３０００万を実現する

精神科医にしてベンチャー起業家の著者が公開する、小資本ビジネスで稼ぐ、これだけのアイデア。

渡部昇一　歴史の読み方

日本人の真の体質、発想法を歴史的に探り出し、国際化時代を迎える二十一世紀の理想的日本人像を説く。

渡部昇一　日本そして日本人

日本人の本質を明らかにし、その長所・短所、行動原理の秘密を鋭く洞察。現代人必読の一冊。

渡部昇一　日本史から見た日本人・昭和編

なぜ日本人は、かくも外交下手になったのか？独自の視点で昭和の悲劇の真相を明らかにした画期的名著。

渡部昇一　日本史から見た日本人・古代編

日本人は古来、和歌の前に平等だった…批評史上の一大事件となった渡部史観による日本人論の傑作！

渡部昇一　日本史から見た日本人・鎌倉編

日本史の鎌倉時代的な現われ方は、昭和・平成の御代《みよ》にも脈々と続いている。そこに日本人の本質がある。